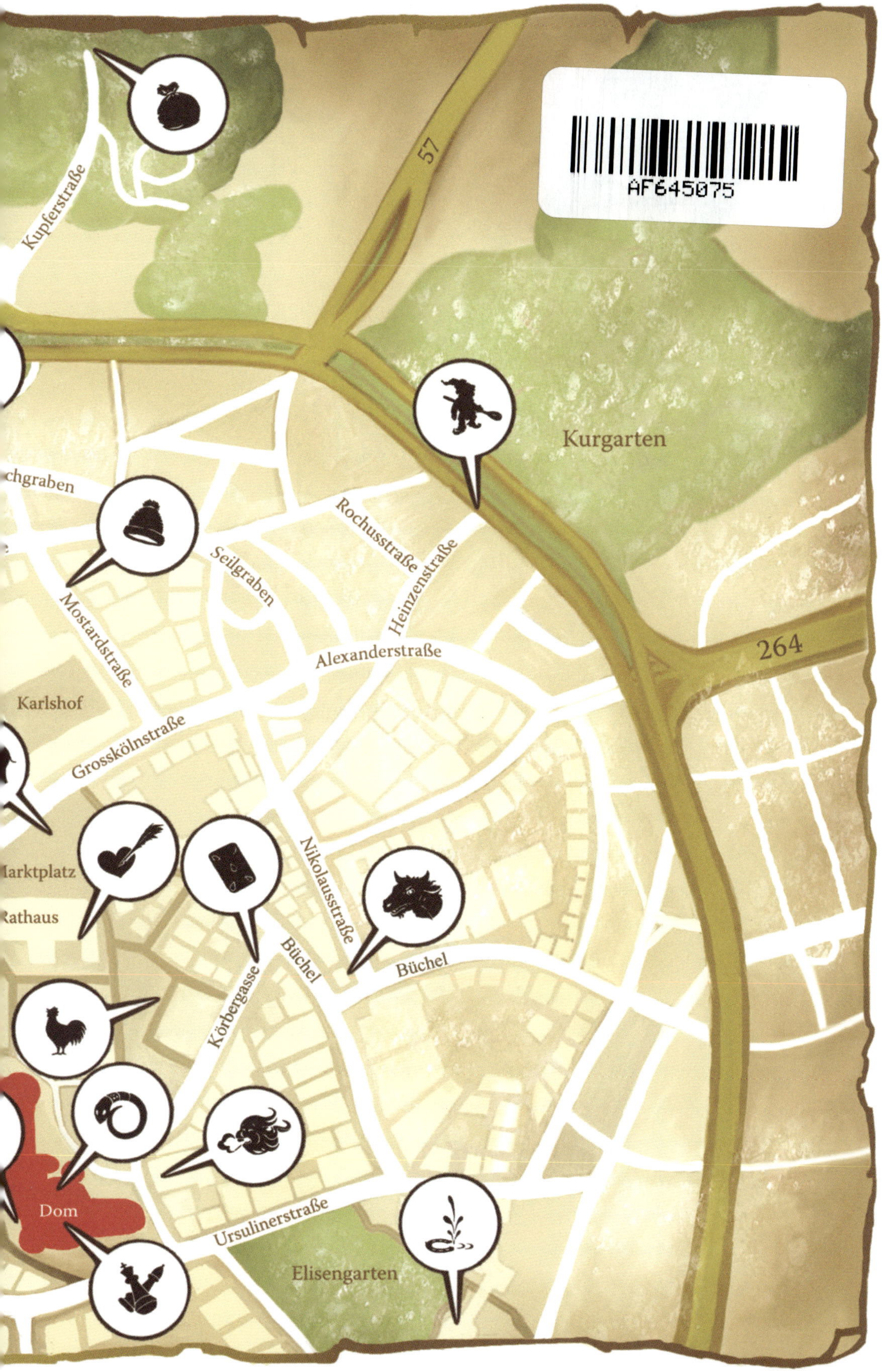
Kupferstraße
57
Kurgarten
Rochusstraße
Seilgraben
Heinzenstraße
Mostardstraße
Alexanderstraße
264
Karlshof
Grosskölnstraße
Nikolausstraße
Büchel
Büchel
Körbergasse
Dom
Ursulinerstraße
Elisengarten

Susanne Viegener

Das Aachener Märchenbuch

Sagen, Legenden und Märchen aus Aachen neu erzählt

mit Illustrationen
von Mira Lob

marzellen
verlag köln

Bibliografische Information der Deutschen Bibliothek
Die Deutsche Bibliothek verzeichnet diese Publikation
in der Deutschen Nationalbibliografie;
detaillierte bibliografische Daten sind im Internet
über http://dnb.ddb.de abrufbar.

8. Auflage

Umschlag und alle Illustrationen: Mira Lob
Satz/Layout: Redaktionsbüro Tewes, Köln
Druck: Druckerei Florjancic

Printed in EU.
ISBN 978-3-937795-31-7

www.marzellen-verlag.de

Es war einmal...

Die Geschichte Aachens ist jahrhundertealt und doch zum Greifen nah.

Die Schauplätze des ‚Aachener Märchenbuches' könnt ihr auch heute noch besichtigen und dort viel über die Vergangenheit der Stadt erfahren. Am Ende jedes Märchens wird auf einem solchen Pergament erklärt, welche Orte aus den Geschichten ihr euch heute noch anschauen könnt. Jedes Märchen hat sein eigenes Symbol, das ihr auf dem Stadtplan im Einband des Buches wiederfindet. So könnt ihr euch selbst auf Zeitreise begeben und den Spuren der Aachener Geschichte folgen.

Inhalt

Die Wunderquelle

Halali! Dem tönenden Ruf der Jagdhörner folgend, preschte die Jagdgesellschaft Karls des Großen durch den Wald. Karl war nämlich nicht nur ein großer Herrscher, sondern auch ein großer Jäger. Er liebte seine wilden Wälder, in denen Hasen, Rehe, Hirsche, Wildschweine, Füchse, Raubvögel und viele andere Tiere zu Hause waren. In der Stille der Schatten spendenden Bäume kam er zur Ruhe und fand neue Kraft für seine Regierungsgeschäfte.

Karl hatte wieder einmal zu einer seiner vielen Jagdgesellschaften geladen, hatte Pfeile und Bogen geschultert und ritt nun Seite an Seite mit den Edelmännern seines Frankenreiches der Spur des Wildes nach. Es war früh am Morgen. Die Herbstsonne ging hinter dem Wald auf, und die Vögel zwitscherten in den Zweigen. Karl war allerbester Laune, obwohl ihm seine Knochen von den vielen beschwerlichen Reisen arg wehtaten. Aber so war das nun einmal, wenn man Frankenherrscher von Beruf war. Er war ständig auf Achse und ritt quer durch sein Reich, von einem Regierungspalast zum nächsten. Hinzu kamen die vielen Schlachten, die er zu schlagen hatte. Karl verbrachte den Großteil seines Lebens im Sattel seines treuen Pferdes Alvar, und das war eben auf die Dauer schädlich für die Knochen. Wenn er von der Jagd zurück wäre, so schwor er sich, würde er seinen Medikus um ein Rezept für eine lindernde Salbe bitten. Dann würden ihn seine müden Knochen sicher weniger plagen. So ritt er tapfer weiter und plauderte ab und zu mit den hohen Herren, die ihn begleiteten.

Da plötzlich sah er eine Bewegung zwischen den Ästen, kniff die Augen zusammen und erblickte tief im Wald einen prächtigen Hirsch mit einem mächtigen Geweih. Unvermittelt kehrte Karl der Jagdgesellschaft den Rücken, trieb sein Pferd an und jagte dem Hirsch in wildem Ritt nach.

Der Hirsch nahm Reißaus und floh in gehetzten Sprüngen durch das Dickicht. Der furchtlose Karl setzte ihm nach und blieb ihm dicht auf den Fersen. Es war eine ungestüme Verfolgungsjagd quer durch den Wald. Zweige peitschten in Karls Gesicht, während sein Pferd langsamer wurde und sich durch eine von Efeu überwucherte Ebene kämpfte. Und plötzlich sah er ihn wieder, den majestätischen Hirsch, den Herrn des Waldes, mitten auf einer Lichtung und ohne die schützenden Bäume. Das war Karls große Chance.

Vorsichtig stakste sein treues Pferd Alvar weiter durch die Schlingpflanzen und fiel dann in einen leisen Trab. Währenddessen saß Karl freihändig im Sattel, nahm langsam seinen Bogen von der Schulter und zog einen Pfeil aus dem Köcher. „Jetzt habe ich dich, mein Freund!", dachte er siegessicher. Er setzte den Pfeil an, spannte den Bogen, legte an, zielte und...

Pardauz! Genau in diesem entscheidenden Moment stolperte Alvar über ein kaum sichtbares Mäuerchen, das unter Farnkraut versteckt lag. In hohem Bogen flog der Frankenherrscher von seinem Ross. „Aua!", schrie Karl, als er unsanft mit dem Hinterteil auf dem weichen, morastigen Boden landete. Besorgt schaute er sich nach Alvar um. Zum Glück war auch sein treues Pferd heil jenseits des Mäuerchens gelandet. Doch seine Vorderhufe steckten tief im Schlamm.

Karl rappelte sich auf. Mit aller Kraft zog er Alvar an den Zügeln aus dem Morast. Es gab ein schmatzendes Geräusch und die Hufe waren befreit. Das Tier war nun auf festem Boden und in Sicherheit. Doch was um alles in der Welt war das? Karl konnte kaum glauben, was er da sah. Da sprudelte doch tatsächlich dampfendes Wasser aus den Löchern, die Alvars Hufe im Schlamm hinterlassen hatten! Fast hätte Karl sich die Finger daran verbrannt, so heiß war das Wasser, das da aus dem Boden kam. Alvar hatte eine heiße Quelle entdeckt, die merkwürdig blubberte und außerdem noch pestilenzartig stank. Karl war das Ganze ganz und gar nicht geheuer.

Da platzte mit einem lauten ‚Blubb' eine Blase auf dem heißen Wasser, und eine erbärmlich stinkende, gräulich-grüne Dampfwolke entstieg der

Quelle. Sie blähte sich auf und formte sich zu einem durchscheinenden Wasserwesen und, siehe da, das Wesen sprach zu ihm: „Ich bin der Geist der Wunderquelle“, sagte es. „Ihr, großer Frankenherrscher, habt sie wiederentdeckt. Hier und nirgendwo anders sollt Ihr Eure Residenzstadt gründen und sesshaft werden. Auf den Grundmauern dieses verfallenen römischen Palastes soll Euer Herrscherpalast stehen.“

Karl war vollkommen verdutzt, schüttelte entschieden den Kopf und hielt sich die Nase zu. „Diesen fürchterlichen Gestank kann ich meinen Untertanen doch niemals zumuten!“, widersprach er. „Ihr werdet es nicht bereuen, großer Karl“, entgegnete der Wassergeist. „Das Wasser dieser Wunderquelle hat heilende Wirkung. Schon die alten Römer haben ihre Krankheiten damit geheilt. Baut Brunnen und Badehäuser darüber, dann riecht man es kaum mehr. Hört auf meinen Rat, es ist zu Eurem Besten.“ So sprach der Geist und verschwand zurück in die unergründlichen Tiefen der Wunderquelle.

Karl rieb sich die Augen. Träumte er oder war es Wirklichkeit, was er da erlebt hatte? Er erinnerte sich an das Jagdhorn, das er bei sich trug, und blies laut das Notsignal, um die Jagdgesellschaft herbeizurufen, die es nicht geschafft hatte, seinem wilden Ritt durch den Wald zu folgen. Als sie das Signal vernahm, kam sie eilig herbeigeritten, und wie der wundersame Quellengeist prophezeit hatte, verkündete Karl ihnen seinen Entschluss: „An dieser Stelle will ich meine Residenzstadt gründen. Ich will sie ‚Ache' nennen. Das bedeutet ‚fließendes Wasser'."

Karl der Große befolgte den Rat des Wassergeistes und er sollte es nicht bereuen. Er ließ seine prächtige Pfalz und die schönste Kirche seines Reiches an der Wunderquelle erbauen. So kam es, dass der reisende Karl endlich sesshaft wurde, wohltuende Linderung für seine Knochen fand und darüber hinaus eine wunderschöne Stadt gründete.

Aus ‚Ache' entwickelte sich der Name Aachen. Die Römer nannten den Ort ‚Aquae Granni', nach dem keltischen Heilgott Grannus. Man entdeckte hier noch viele weitere Heilquellen, und Bad Aachen wurde zu einer bekannten Kurstadt mit Brunnen und Thermalbädern. Viele berühmte Kurgäste ließen ihre Krankheiten in den Aachener Thermalbädern behandeln. Am Elisenbrunnen am Friedrich-Wilhelm-Platz könnt ihr das Heilwasser aus der Kaiserquelle probieren. Es ist 52°C warm und bekannt dafür, dass es nach faulen Eiern riecht, dem typischen Aroma von Schwefelwasserstoff.

Der Daumen des Teufels

Im denkwürdigen Jahr 788 nach Christus begann Karl der Große mit der Planung des größten Kirchenbaus nördlich der Alpen, der Marienkirche zu Aachen. Bald darauf gab es mitten in der Stadt eine riesige Baustelle, und es wurde fleißig gebaut.

Odo von Metz, der große fränkische Baumeister, hatte ganze Berge von Steinen herbeischaffen lassen, zahlreiche Handwerker und Künstler unterstanden seiner strengen Aufsicht. Nicht ein einziger Fehler durfte dem Baumeister unterlaufen, sonst würde er sich den ewigen Zorn des Kaisers einhandeln, und damit war ganz und gar nicht zu spaßen. Karl der Große war nämlich äußerst pingelig, wenn es um seinen neuen Prachtbau ging. Schließlich wollte er die schönste und größte Kirche des ganzen Frankenreiches bauen, und er hatte ganz genaue Vorstellungen, wie sie aussehen sollte: Achteckig, mit einer 32 Meter hohen Kuppel, mit griechischen und italienischen Marmorsäulen, prachtvollen Einlegearbeiten, bronzenen Türen, kunstvollen Leuchtern und goldglänzenden Mosaiken. Mit dem Bau der Marienkirche, dem späteren Aachener Dom, wollte der Frankenherrscher sich seinen größten Traum erfüllen. Deswegen schickte er seinen Schreiber Einhard jeden Tag zur Baustelle mit dem Auftrag, alles genauestens zu kontrollieren und ihm Bericht über das Fortschreiten der Arbeiten zu erstatten.

Eines Tages aber zog der Kaiser in eine seiner vielen Schlachten gegen die rebellischen Sachsen. Mit großem Tross, vielen Soldaten, seiner Frau, Kind und Kegel machte er sich auf den Weg, und wie so oft, wenn er auf Reisen war, sollte er lange fortbleiben. Das Kommando über sein kühnes Bauwerk überließ der Kaiser den Aachener Ratsherren, die auch das Geld dafür verwalten sollten.

„Odo, eines müsst Ihr mir versprechen", befahl Karl seinem treuen Baumeister, bevor er ins Feld zog. „Bis zu meiner Rückkehr soll meine Kirche fertiggestellt sein. Dann will ich Einweihung feiern. Ich verlasse mich auf Euch. Wagt es nicht, Euren Kaiser zu enttäuschen!"

Mit all seiner Kraft sorgte Odo nun für ein rasches Vorankommen der Arbeiten. „Los Männer, an die Arbeit! Wer faulenzt, fliegt raus!", so spornte er die Handwerker zu Höchstleistungen an, und Steinmetze, Zimmermänner, Maurer, Glasmaler, Schmiede und viele andere Arbeiter taten, wie ihnen geheißen. Sie kamen wunderbar voran, und jedes Mal, wenn Odo auf die sich hoch erhebenden Gerüste um das Achteck aufschaute, war er stolz auf seine Männer.

Doch bald stellte er fest, dass das Geld, das der Kaiser den Ratsherren für den Kirchenbau dagelassen hatte, nicht ausreichte. Steine, Glas und anderes Baumaterial waren teurer geworden, und die Arbeiter mussten bezahlt werden. Das Geld reichte hinten und vorne nicht. Wenn das so weiterging, würde der Bau nicht rechtzeitig bis zur Rückkehr des Kaisers fertig sein, und dann drohte ihm der fürchterliche Zorn Karls des Großen. Sicherlich würde der Kaiser den ungehorsamen Baumeister aus seinem Reich verbannen. Verzweifelt schlug Odo die Hände vors Gesicht: „Was soll ich nur tun?"

Es begab sich, dass zu jener Zeit ein merkwürdiger Fremder in der Stadt auftauchte. Ein kleines, hageres Männlein mit einem schwarzen Spitzbärtchen und einem eleganten schwarzen Umhang. Edel gekleidet war er, trug goldene Ketten um den Hals, Goldarmbänder um die Handgelenke und funkelnde Ringe an den Fingern. Reich war er, der Fremde, daran bestand kein Zweifel. Er warf mit seinem Geld nur so um sich und kaufte in der Stadt alles, was nicht niet- und nagelfest war.

Doch überall, wo er ging und stand, hinterließ er einen grauenhaften Schwefelgestank. Den Aachenern waren der Fremde und sein Reichtum nicht geheuer. Misstrauisch beäugten sie ihn, wenn er vorbeistolzierte und seinen Schwefelhauch hinter sich herzog. Was wollte dieser stinkreiche Fremdling bloß in der Stadt?

Da hatten die Ratsherren eine waghalsige Idee. „Wir bitten einfach den Fremden um Geld für unsere Kirche. So wie der sein Geld mit vollen Händen in den Wirtshäusern ausgibt, kann er uns sicherlich genug davon leihen, dass wir die Marienkirche bis zur Rückkehr des Kaisers fertigstellen können. Und dann bekommt er von Kaiser Karl sein Geld zurück, mit Zins und Zinseszins."

So geschah es. Als der Fremde die Bitte des Aachener Stadtrates anhörte, war er hocherfreut und versprach ihnen so viel Geld, wie sie nur wollten. Und er wollte es noch nicht einmal zurückgezahlt bekommen. „Ich schenke euch das Geld, aber nur unter einer Bedingung", sagte der Fremde mit einem hämischen Grinsen. Dann erhob er sich von seinem Stuhl und sprach mit donnernder Stimme: „Gebt mir die erste Seele, die die Kirche betritt! Das soll meine Belohnung sein!" Er rieb sich seine behaarten Hände und schaute mit seinen stechend roten Augen bedrohlich in die Runde. Da erst ging den Ratsherren ein Licht auf. Entsetzt stellten sie fest, mit wem sie sich da eingelassen hatten. Der stinkende Fremde war der Teufel höchstpersönlich!

Der Hohe Rat der Stadt Aachen wusste weder ein noch aus. Die Herren tagten bis tief in die Nacht hinein und zermarterten sich die Köpfe auf der Suche nach einer Lösung. Sie waren in einer argen Zwickmühle und hatten große Angst. Niemand Geringeres als der Papst sollte die Marienkirche nach ihrer Fertigstellung einweihen. Also würde er auch der Erste sein, der sie am Weihetag betreten würde. Nicht auszudenken, wenn der Höllenfürst ihm dort auflauerte und seine Seele stahl! „Der Himmel stehe uns bei“, beteten sie. Schließlich hatte einer der Ratsherren die rettende Idee: „Wer sagt denn, dass es eine menschliche Seele sein muss?“, sagte er und grinste verschmitzt. Da beschlossen die redlichen Ratsherren, den Teufel mit einem kleinen Trick zu überlisten.

So kam es, dass die Aachener Stadträte das Angebot des Teufels akzeptierten. Der schreckliche Luzifer übergab ihnen einen großen Sack voller Goldstücke. Mehr als genug, um die Marienkirche rechtzeitig fertigzustellen. Die Arbeiten an Karls Prachtbau konnten nun zügig beendet werden. Als die Gerüste abgebaut waren und das mächtige Bauwerk in vollem Glanz erstrahlte, war es an der Zeit, den Plan der Ratsherren in die Tat umzusetzen. Sie beauftragten einen Jäger, in den Aachener Wäldern einen Wolf zu fangen und das räudige Tier für ihre Zwecke zur Verfügung zu halten.

Als Karl der Große von seinem Feldzug nach Aachen zurückkehrte, sah er schon von weitem, wie seine Marienkirche sich über den Dächern der Stadt erhob. Ihr Anblick erfüllte den großen Kaiser mit Stolz, und er dankte seinem Baumeister Odo und seinen Ratsherren überschwänglich. Schon am nächsten Tag sollte die Weihe stattfinden. Viele erlauchte Gäste waren dazu eingeladen worden.

Am nächsten Morgen standen die Ratsherren in aller Herrgottsfrühe auf und eilten zur Marienkirche. Vorsicht war geboten! Keine Menschenseele durfte die Kirche betreten. Als die Sonne aufging, erschien der Jäger mit dem Wolf an der Leine. Rasch öffneten sie die Kirchentür und jagten das struppige Tier in das Gotteshaus. Drinnen hatte der Teufel im Dämmerlicht schon ungeduldig auf die erste Seele gewartet, die die Kirche betrat. Zischend und zähnefletschend sprang er hinter einer Säule hervor, riss dem pelzigen Lebewesen die Seele aus dem Leib und stürmte damit zur Tür.

Als der fiese Krippekratz merkte, was er da in den Händen hielt, wurde er fuchsteufelswild und schrie: „Eine wölfische Seele! Verdammt seid ihr! Für euren jämmerlichen Betrug sollt ihr auf ewig in der Hölle schmoren!" Außer sich vor Wut knallte er die schwere Kirchentür hinter sich zu. Dabei blieb

seine Krallenhand im Türknauf stecken. Mit aller Kraft versuchte er sich zu befreien und riss sich dabei den Daumen ab. Laut gellten seine Schmerzensschreie über den Domhof. Dann verschwand er fluchend in einer stinkenden, gelben Schwefelwolke.

Die Gefahr war vorüber. Kaiser Karl, Papst Leo, 365 Bischöfe, die erlauchten Gäste, die erleichterten Ratsherren, Meister Odo von Metz und alle Aachener feierten gebührend die Weihe der größten und schönsten Kirche nördlich der Alpen. So manch ein Ratsherr zwinkerte von seinem Platz aus den anderen schelmisch zu. Alles war noch einmal gutgegangen. Mit einem klitzekleinen Trick hatten sie es geschafft, den Teufel zu überlisten. Der würde sich mit Sicherheit nicht so bald wieder nach Aachen trauen.

Wenn ihr über den Domhof zum Oktogon (Achteck) des Domes geht, steht ihr am Ende vor den beiden Domtüren aus Bronze. Zwei Löwenköpfe zieren die Türen. Schaut euch den rechten Löwenkopf einmal genauer an und greift mit der Hand hinein. Noch heute kann man den angeblichen Daumen des Teufels dort ertasten. Geht durch die Seitentür in die Vorhalle des Domes. Auf einer Seite steht die Statue der sogenannten Wölfin, die an den Wolf aus der Dombausage erinnert. Ihr gegenüber steht ein Pinienzapfen, der der Legende nach für die Wolfsseele steht. In Wirklichkeit aber ist die Wolfsstatue eine Bärin und der Pinienzapfen ein Fruchtbarkeitssymbol aus römischer Zeit.

Hexentanz am Fischmarkt

In der Spitzgasse zu Aachen lebte einst ein buckliger Musikant. Friederich war sein Name, doch alle riefen ihn nur Fiedelmann, weil er nie ohne seine Geige zu sehen war. Wann immer sich die Gelegenheit bot, spielte er darauf die wunderschönsten Lieder und erfreute die Herzen der Aachener. Weil ihn sein Buckel sehr plagte, konnte er keiner schweren Arbeit nachgehen, und so schlug er sich als Musikant durchs Leben, denn Geige spielen konnte er wie niemand sonst in der Gegend. Auf keiner Hochzeit durfte er fehlen, denn keiner spielte so schön zum Tanze auf wie Friederich, der Fiedelmann.

So lebte der Musikant mit seiner Familie in zwar ärmlichen Verhältnissen, doch war es ein fröhliches Haus voll Musik und Gesang, aus dessen Fenstern stets schöne Klänge auf die Straße schallten. Sobald der Fiedelmann seinen Buckel und seine schlimmen Rückenschmerzen verfluchte, brachten ihm seine Kinder die Geige. Kaum begann er darauf zu spielen, ließ der Schmerz nach und sein Buckel ward ihm einerlei.

Eines Nachts, als die Turmuhr gerade zur Geisterstunde schlug, kam Friederich erschöpft von einer Hochzeit aus einem Nachbardorf nach Aachen zurück. Todmüde war er, hatte er der Hochzeitsgesellschaft doch schon seit dem Mittagessen unermüdlich aufgespielt, und sie waren des Tanzes nicht überdrüssig geworden. Sicher lag das an der lauen Frühlingsluft, oder lag es gar am Fest der Göttin Walpurgis, das auch in dieser Nacht gefeiert wurde?

Als er beim Fischmarkt um die Ecke bog, traute er seinen Augen nicht. Bei allen guten Geistern! Was sah er da? Hunderte von Kerzenlichtern flackerten auf reich gedeckten Tafeln, die von edlen Speisen nur so überquollen.

Dort, wo tagtäglich Fisch verkauft wurde, saß eine fein gekleidete Weibergesellschaft mit glänzenden Umhängen und spitzen Hüten auf ihren wilden roten Locken. Allerlei Getier hatten sie dabei: Raben, Eulen und Fledermäuse flatterten umher, Katzen und Kröten sprangen über den Platz. Die Damen lachten, kreischten, sangen und schrien und waren allesamt in recht ausgelassener Stimmung. Als sie den Buckligen mit seiner Geige erblickten, erhob sich die Wildeste von ihnen und lief mit wehenden Röcken auf ihn zu. „Musikant", befahl sie, „wir Hexen feiern heute die Walpurgisnacht. Spiel uns zum Tanze auf. Es soll dein Schaden nicht sein!"

Die unheimliche Hexengesellschaft hatte Friederich einen gehörigen Schrecken eingejagt, und so fiedelte er drauflos, was das Zeug hielt. Ein fröhliches Lied nach dem anderen entlockte er seiner Geige und die wilden Hexen sprangen, jauchzten und tanzten dazu, dass sich die Balken bogen. Eine ganze Stunde lang tobte auf dem Fischmarkt der Hexentanz. Pünktlich um eins war die Geisterstunde vorbei. Die Hexen hielten atemlos inne, schnappten sich ihre Tiere und ihre Besen und flogen hinfort. Zum Abschied legte die Oberhexe ihre Hand auf Friederichs Buckel und sprach: „Hab Dank, lieber Spielmann, für dein virtuoses Geigenspiel. Du hast uns ein rauschendes Fest beschert. Hier ist deine Belohnung." Mit ihrer bloßen Hand nahm sie ihm den Buckel von seinem Rücken, als wäre es ein Rucksack, wickelte ihn in ein Tuch und legte ihn in einen Korb. Dann zog sie ihren Zauberstab hervor und sprach einen Zauberspruch:

„Dein Spiel hat uns viel Freud gezollt, drum seien deine Taschen gefüllt mit Gold!"

Ein lautes Zischen ertönte und ein greller Blitz zuckte aus der Spitze des Zauberstabs. Der geblendete Fiedelmann taumelte und fiel zu Boden. Als er sich wieder aufgerappelt hatte, war aller Hexenspuk vorbei. Von dem rauschenden Fest war nichts mehr übrig und der Aachener Fischmarkt sah aus wie immer, obwohl doch soeben dort ein Wunder geschehen war, denn Friederich war geheilt. Sein Buckel war verschwunden und seine Schmerzen für immer vorbei. Er konnte sein Glück kaum fassen. Als er endlich den Weg nach Hause einschlug, konnte er kaum einen Fuß vor den anderen setzen, so schwer waren seine Kleider. Sämtliche Jacken- und Hosentaschen waren prall gefüllt mit Talern aus purem Gold.

Fortan lebten Friederich und seine Familie ein sorgloses Leben und seine Geige klang fröhlicher als je zuvor. Die erstaunten Aachener munkelten vieles über den Hexenzauber, der dem glücklichen Fiedelmann in der Walpurgisnacht widerfahren war und freuten sich mit ihm, dass er nun reich und ohne Buckel war.

Doch es gab auch einen Neider in der Stadt, der ihm sein Glück missgönnte: Meinhard der Musikus, Flötenspieler von Beruf und ebenso bucklig wie Friederich es einst gewesen war. „Wenn einer unserer Zunft durch Hexenwerk reich und gesund wird, wieso nicht auch ein Zweiter?", dachte er und schmiedete einen raffgierigen Plan: Doppelt so viele Taler wie Friederich wollte er in der nächsten Walpurgisnacht von den Hexen einheimsen, und seinen Buckel wollte er natürlich auch loswerden.

Als sich im Jahr darauf der April seinem Ende zuneigte, streuten die abergläubischen Bauern Salz aus und banden Kräutersträuße als Gegenzauber gegen den Hexenspuk der nahenden Walpurgisnacht. Die Aachener fürchteten diese Nacht, nur Meinhard erwartete sie mit großer Ungeduld. Aber anstatt an seinem Flötenspiel zu feilen und schöne Tänze für das Hexenfest auszusuchen, faulenzte er in Erwartung seines Reichtums und wurde immer nachlässiger. Und im Laufe der Zeit wurden seine Lieder so traurig und schaurig wie Meinhard selbst.

Als an Walpurgis um Mitternacht die Turmglocke läutete, bog Meinhard pünktlich mit seiner Flöte um die Ecke zum Fischmarkt. Anders als sein Flötenspiel hatte er seine Kleidung sehr wohl für diesen besonderen Anlass vorbereitet. Auf seiner Jacke und Hose reihte sich eine Tasche an die andere, mit sehr viel Platz für sehr viel Gold. Wie Friederich im Jahr zuvor, erblickte er mit großen Augen das Hexenspektakel mit seiner reich gedeckten Tafel, den flackernden Kerzen und der Hexenmeute im Festtagsgewand. Als sie den Buckligen mit der Flöte sahen, erhob sich abermals die Oberhexe und befahl: „Musikant, wir Hexen feiern heute die Walpurgisnacht. Spiel uns zum Tanze auf. Es soll dein Schaden nicht sein!"

Wie ihm geheißen setzte Meinhard die Flöte an die Lippen und spielte aus Leibeskräften. Doch das Ergebnis war jämmerlich. Seine klagenden und trostlosen Melodien riefen die Hexen nicht zum Tanz. Wie festgenagelt blieben sie auf ihren Stühlen sitzen und hielten sich die Ohren zu. Allzu laut und allzu schief waren Meinhards Flötentöne, sie anzuhören eine wahre Tortur. Sein grausiges Spiel schmerzte in den Ohren der Hexen, verjagte ihre Raben und ließ ihre Katzen kläglich miauen.

„Genug der Musik! Schweig still!", rief die Oberhexe erbost und versprühte dabei grüne Zornesfunken. Außer sich vor Wut griff sie unter den Tisch und zog einen Korb hervor, dem sie ein dickes Bündel entnahm. Meinhard, der das Bündel voller Gold wähnte, streckte gierig seine Hände danach aus.

„Welch leicht erschlichener Reichtum!", lachte er in sich hinein. „Dummes Hexenvolk!" Da zückte die Oberhexe fuchsteufelswild ihren Zauberstab, schlug ihm damit auf die Finger und stieß einen wütenden Zauberspruch aus:

„Musik aus Habgier kreischt im Ohr und schnallt dir einen Buckel vor!"

Entschlossen wickelte sie Friederichs alten Buckel aus dem Tuch und legte ihn auf Meinhards Brust, wo er auf der Stelle anwuchs. Nun musste der raffgierige Meinhard bis an sein Lebensende zwei Buckel tragen, einen auf dem Rücken und einen auf der Brust. Die vielen Taschen seiner Kleider blieben leer. Ohne einen einzigen Goldtaler musste er mit seinen beiden Buckeln nach Hause gehen. Das war seine Strafe für seine Habgier und sein Schauerspiel und sie sollte ihm eine Lehre sein. Niemals wieder würde er versuchen, Hexen hinters Licht zu führen. Diesen Schabernack hatten sie ihm gründlich ausgetrieben.

Schauplatz der Geschichte über das Hexenfest ist der Aachener Fischmarkt am Domhof. Der Fischpüddelchen-Brunnen erinnert noch heute daran, dass dort früher Fische verkauft wurden. Bestimmt kennt ihr die Bronzefigur des nackten ‚Fischpüddelchens', das in den Händen zwei Fische hält, aus deren Mäulern Wasserfontänen sprudeln. Schräg gegenüber befindet sich das Grashaus mit seinen zugemauerten Bögen, wo sich früher Verliese befanden, in denen auch als Hexen angeklagte Frauen eingekerkert waren. In Wirklichkeit hat es Hexen nie gegeben. Die Frauen waren zu Unrecht angeklagt und wurden aus Aberglaube als Hexen verfolgt.

Abul Abbas – Der kaiserliche Elefant

Mit Getrommel und Getröte kehrte die kaiserliche Gesandtschaft aus dem Morgenland zurück nach Aachen. Viele Jahre war Kaiser Karls Gesandter Isaak im fernen Orient gewesen, um den großmächtigen Kalifen Harun al-Raschid in Bagdad mit Geschick und Geschenken davon zu überzeugen, die Christen in seinem Lande anzuerkennen und die beiden Reiche gegen Byzanz zu verbünden. Nach erfolgreicher Mission und langer Reise standen Isaak und sein Gefolge im Jahre 802 wieder vor den heimatlichen Stadttoren.

„Sie sind da!", schallte es durch die Gassen. Die Kinder, die den prunkvollen Zug als Erste erspäht hatten, liefen so schnell sie konnten durch die Stadt, es allen Aachenern zu verkünden. Alles, was Beine hatte, machte sich schleunigst auf zum Marktplatz. Keiner wollte sich das feierliche Spektakel entgehen lassen. Begeistert bejubelten die Bürger von Aachen den Einzug der nicht enden wollenden Schar von Reitern und Fußvolk mit ihren sonnenverbrannten Gesichtern und bunt gemusterten Gewändern.

Exotische Waren hatten sie aus dem Orient mitgebracht: Duftende Gewürze, feines Geschmeide, golddurchwirkte Tuche, edle Hölzer, zuckersüße Datteln, Schnitzereien aus Elfenbein und eine wundersame Wasseruhr, die stündlich eine Kugel ausspuckte. All diese Wunderdinge hatten die Aachener noch nie in ihrem Leben gesehen. Die ganze Stadt war völlig aus dem Häuschen.

Doch was war das? Grundgütiger Himmel! Mit einem Mal ging ein lautes Raunen durch die Menge. Dann war alles still. Mucksmäuschenstill. Das Volk ging in Deckung. Am Ende des Zuges trottete ein riesenhaftes Geschöpf. Es hatte einen langen Schlauch im Gesicht, Ohren wie Segel, Beine

wie Baumstämme und zwei furchterregende, gebogene Stoßzähne. Der runzlige Dickhäuter erhob seine Schlauchnase und stieß einen mächtigen, fanfarenartigen Laut aus: „Trööööööt!“ Zu Tode erschrocken versteckten sich die Kinder hinter ihren schreienden Müttern. Ohnmächtig vor Angst griffen die Männer nach Schaufeln und Mistgabeln, um sich zu schützen. Die Menschen fielen auf die Knie und flehten den lieben Gott um Hilfe an, denn sicherlich würde das Ungeheuer sie alle niederstampfen.

Dann betrat das Monstrum den Aachener Marktplatz.

Die Menschen trauten ihren Augen nicht. Was um Himmels Willen war das? Niemand hatte je ein solches Schreckenstier gesehen. Ängstlich wichen die Aachener zurück, jederzeit bereit, sich schnellstens in Sicherheit zu bringen.

Da trat Karl der Große aus seinem Palast. Der weitgereiste Kaiser, der auf seinen Feldzügen ganze Jahre im Sattel verbracht und durch viele fremde Länder gereist war, hatte schon von solchen mammutartigen Riesentieren gehört. Furchtlos trat er dem Dickhäuter entgegen. Karls Gesandter, der jüdische Kaufmann Isaak, machte einen ehrerbietenden Kniefall.

„Eure Hoheit, mächtiger Karl, großer Kaiser des Frankenreiches. Nach langer Reise sind wir aus dem Orient zurück und überbringen Euch die besten Wünsche des ehrwürdigen Kalifen von Bagdad, Harun al-Raschid. Als Zeichen seiner Verbundenheit und seiner Wertschätzung der Franken sendet er Euch Grüße, Gaben und ein ganz besonderes Geschenk. Das stärkste Reit- und Lasttier der Welt. Ein indischer Elefant mit Namen Abul Abbas.“

„Eine wahrlich großzügige Gabe des Kalifen“, sprach der Kaiser und konnte seine unbändige Freude über das gigantische Geschenk nicht verbergen. „Habt Dank, treuer Isaak!“ Alsdann wandte sich Kaiser Karl mit dröhnender Stimme an sein Volk: „Habt keine Angst, Bürger von Aachen, das Rüsseltier ist harmlos und friedlich. Es ist ein Elefant aus Indien und wird dem Hofe als Arbeitstier eine große Hilfe sein. Kommt nur und schaut es euch an!“

Einige Mutige taten wie ihnen geheißen. Besonders die Kinder schlossen schnell Freundschaft mit dem zahmen Tier. Der Elefant freute sich über ihre zögerlichen Streicheleinheiten und über die Blätter, mit denen sie ihn fütterten. Die Furchtlosesten unter ihnen durften sogar im Sattel Platz nehmen und auf dem Elefantenrücken eine Runde über den Aachener Marktplatz reiten.

So wurde Abul Abbas in Aachen aufgenommen, und man kann mit Fug und Recht sagen, dass er der erste Aachener Elefant war. Er bezog Quartier im kaiserlichen Pferdestall und wurde zur begehrtesten Attraktion am Hof. Mit seinem Rüssel trug er ganze Baumstämme und zog die größten Lasten.

Die Aachener hatten das riesige Rüsseltier längst in ihre Herzen geschlossen, und Kaiser Karl wurde der Elefant ein treuer Gefährte. Es dauerte nicht lange, bis der Kaiser, ein kriegserfahrener Haudegen, entdeckte, dass Abul Abbas ihm auch bei seinen Feldzügen von großem Nutzen sein konnte. Ein Trumpf sondergleichen! Welcher Herrscher in diesen Landen konnte schon mit einem eigenen Kriegselefanten aufwarten? Von dem Moment an begleitete der Elefant das kaiserliche Heer in die Schlachten gegen die Feinde des Frankenreiches. Er trug die Lanzen und Schwerter der Ritter und zog schwere Geschütze.

Im Jahr 804 hatte Karl an der Elbe eine entscheidende Schlacht zu schlagen. Das Heer des Kaisers stürmte voran und kämpfte mutig und unerbittlich gegen die feindlichen Nordalbingier, bis sie endgültig besiegt waren. Der Krieg war gewonnen, und die Krieger waren am Ende ihrer Kräfte. Selbst Kaiser Karl war der Schlachten überdrüssig. Nun wollte er sein Lager aufschlagen und sich und seinen Männern endlich Ruhe gönnen.

Doch plötzlich und unerwartet tauchte an der Grenze des frisch eroberten Reiches König Gudfred von Dänemark auf, mit seiner Flotte und der ganzen Ritterschaft. Sein gesamtes Heer hatte er zur Abschreckung des Frankenkaisers und zur Sicherung der dänischen Grenzen aufgeboten. Nun standen die beiden Heere, das dänische und das fränkische, einander gegenüber und zogen die Waffen. Den erschöpften Franken drohte eine weitere erbitterte Schlacht. Ein Sieg schien aussichtslos.

Doch mit einem Mal tönte ein ohrenbetäubendes „Trööööööt!“ durch die Menge und aus der letzten Reihe der Frankenkrieger stürmte ein riesiges Ungetüm auf die Dänen zu. Sie konnten kaum glauben, was sie da sahen. Eine Fata Morgana – ein drei Meter hoher und 5000 Kilogramm schwerer, teuflischer Gigant, der sie mit seinem Rüssel fangen und mit überirdischen Kräften zerquetschen würde. Entsetzt schrien sie auf, machten auf dem Absatz kehrt und flohen, so schnell sie nur konnten. Der gute Abul Abbas hatte die Dänen samt und sonders in die Flucht geschlagen.

Nun endlich bekam das Heer des Frankenkaisers seine verdiente Ruhe. Abul Abbas vertilgte zur Belohnung 150 Kilogramm Futter und trank 200 Liter Wasser. Nach dieser Schlacht, die gar nicht erst stattfinden musste, waren Kaiser Karl und sein gewaltiges Haustier endgültig allerbeste Freunde geworden und sollten es noch lange bleiben.

Abul Abbas, das elefantöse Geschenk des Kalifen Harun al-Raschid, traf am 20. Juli 802 in Aachen ein. Er war der erste namentlich und urkundlich belegte Elefant nördlich der Alpen und begleitete Karl den Großen tatsächlich als Kriegselefant bei Feldzügen. Während der Normannenfeldzüge im Jahr 810 überquerte der Elefant mit Karls Heer den Niederrhein bei Wesel und starb kurz darauf, vermutlich an einer Lungenentzündung. Doch blieb Abul Abbas nicht der einzige Elefant, der in Aachen von sich reden machte. Im legendären Karnevalszug 1975 ritt der damalige Aachener Karnevalsprinz Hugo Holl auf einem echten Elefanten und wurde als Aachener Elefantenprinz bekannt.

Radau in der Klappergasse

In schnellem Galopp ritten die Kuriere des Kaisers aus der Stadt und trieben ihre Pferde in alle Richtungen. Einladungen sollten sie aussprechen, und zwar allen Bischöfen im ganzen Reiche. „So viele Bischöfe wie das Jahr Tage hat, will ich einladen, die Einweihung meiner neuen Palastkirche St. Marien zu Aachen zu feiern", lautete der Wunsch Karls des Großen, und sein Wunsch war seinen Kurieren Befehl.

Schnell wie der Wind ritten sie in alle Städte und beeilten sich, den 365 Bischöfen die frohe Nachricht von der Einweihungsfeier zu überbringen. Als Ehrengast sollte sogar der Papst aus Rom anreisen.

Auch hohe Herrschaften waren geladen: Edelmänner und Edelfrauen, Prinzen und Prinzessinnen, Grafen und Gräfinnen, Ritter und Burgfräulein. Alles, was im Frankenreiche Rang und Namen hatte und von edlem Geblüt war, machte sich auf den Weg zur Kaiserpfalz Aachen, um dem Spektakel beizuwohnen, wenn die einzigartige, achteckige Marienkirche geweiht wurde, an der jahrelang gebaut worden war. Schließlich war sie der große Stolz des edlen Kaisers.

So herrschte vor Beginn der Feierlichkeiten rege Betriebsamkeit in der Stadt, denn alles wollte blitzblank geputzt und sorgfältig vorbereitet sein, um den erlauchten Gästen einen würdigen Empfang zu bereiten. Die Aachener Kinder liefen zur Hauptstraße, um die eintreffenden Gäste in ihren wappengeschmückten Kutschen und edlen Gewändern zu bestaunen und ihnen Blumenkränze als Willkommensgruß zu überreichen.

Ganz Aachen war in heller Aufregung und freute sich auf den bevorstehenden Festtag. Die Bäcker hatten gebacken was der Ofen hergab, die Metzger die beste Wurst gemacht und die Schneider die schönsten Festtagskleider genäht. In den Straßen und Gassen hingen bunte Girlanden und Fähnchen. Nun konnte der große Tag beginnen.

Am Vorabend der Weihe bat Kaiser Karl alle Bischöfe in den prächtigen Kirchenbau. Dort sollten sie gezählt werden, um zu kontrollieren, ob auch alle 365 Bischöfe der kaiserlichen Einladung gefolgt waren.

Sie ließen sich auf den bereitgestellten Stühlen nieder, schauten sich staunend um und waren sprachlos angesichts all dieser Pracht. Antike Marmorsäulen, funkelnde Leuchter und wunderbare Wandmalereien gab es in der Palastkirche zu bestaunen, überkrönt von einem in allen Farben schillernden Kuppelmosaik.

Aber was war das? Da waren doch tatsächlich zwei Stühle leer geblieben. So oft der Kirchendiener sie auch durchzählte, es waren nur 363 Bischöfe. Und je später der Abend wurde, desto nervöser wurde das ehrwürdige Bischofskollegium und fragte sich, wo die fehlenden Bischöfe Monulf und Gondulf blieben, ohne die die Einweihungsmesse am nächsten Morgen unmöglich stattfinden konnte. Wo um Himmels Willen steckten die beiden?

Hoch oben in der Kuppel der Kirche flog unbemerkt ein neugieriger kleiner Engel umher. Er war vom Himmel ausgesandt worden, um sich das Meisterwerk der Marienkirche aus der Nähe anzusehen und Bericht über die Einweihungsfeier zu erstatten. Als er die Sorge der Bischöfe um die beiden fehlenden Kollegen bemerkte, beschloss er unverzüglich zu helfen und flog aus dem Dachfenster in Richtung Maastricht. Vor lauter Aufregung um die neue Kirche schien es dem großen Kaiser entgangen zu sein, dass die Bischöfe Monulf und Gondulf vor nicht allzu langer Zeit gestorben waren und in der Maastrichter Stiftskirche St. Servatius begraben lagen. „Nun ist guter Rat teuer“, dachte der Engel bei sich, „und allerhöchste Eile geboten!“

Mit höchster Engelsgeschwindigkeit flog er in die Kirche St. Servatius hinein und öffnete die beiden steinernen Särge, in denen die Gerippe der

Bischöfe in ihren lila und golden schimmernden Bischofsgewändern lagen. Angesichts der Dringlichkeit seiner Angelegenheit bediente sich der Engel eines kleinen Tricks und erweckte sie mit einem Engelszauber für Notfälle aus ihrem ewigen Schlaf zum Leben.

„Eure Hochwürden Monulf und Gondulf, beeilt euch und folget mir, sonst verschlaft ihr die Weihe der wichtigsten Kirche des Frankenreiches!“ Die beiden Bischöfe stiegen aus ihren Gräbern, reckten und streckten ihre klappriger Glieder und folgten eilig dem vorausfliegenden Engel zur Kaiserpfalz nach Aachen, ohne unterwegs auch nur eine einzige Pause einzulegen.

Als sie endlich die Dächer der Stadt Aachen vor sich sahen und das alles überragende Achteck des Turmes, gerieten sie in freudige Hochstimmung und waren nicht mehr zu halten: „Nun ist es nicht mehr weit, ihr habt es fast geschafft“, rief der Engel von oben herab, und die beiden setzten zum Endspurt durch die Jakobstraße an. Dem Bachlauf folgend, spurteten sie so

hastig an der Mühle vorbei in Richtung Stadtmitte, dass ihre Gerippe auf den letzten Metern laut zu klappern begannen.

Die Bewohner der kleinen Gasse wurden von dem Radau aufgeweckt. Vor Schreck fielen sie fast aus ihren Betten und fragten sich, ob der Teufel mal wieder sein Unwesen in Aachen trieb. Das laute Knochengeklapper der bischöflichen Gerippe erschallte von den Hauswänden bis zur Palastkirche und kündigte die Ankunft der beiden fehlenden Weihegäste an. Kurz bevor die Kirchentür zur Messe geschlossen wurde, klapperten die beiden Gerippe in die Kirche und nahmen ihre freien Plätze zwischen den Bischöfen ein. Mit Ach und Krach hatten sie es gerade noch geschafft, und nun waren sie vollzählig. Die Einweihungszeremonie konnte ihren Anfang nehmen.

So konnte dank der List eines schlauen Engels und dank der Eilfertigkeit der beiden Bischofsgerippe die Kirche St. Marien zu Aachen doch noch mit der kompletten Anzahl von 365 Bischöfen geweiht werden, ganz wie Kaiser Karl es sich gewünscht hatte. Und ganz nebenbei bekam auch die kleine Gasse, durch die die Gerippe geklappert waren, endlich einen Namen und wurde fortan die Klappergasse genannt.

Das steinerne Relief an einer Hauswand in der Klappergasse, das die Skelette von Monulf und Gondulf darstellt, erinnert bis heute an die Klappergassen-Sage. Jedoch hat der Name der Klappergasse einen anderen Ursprung. Früher stand hier am unterirdisch plätschernden Bach die alte Stiftsmühle, deren Mühlrad unablässig klapperte, wovor sich die Aachener in der Nacht gruselten. Aber eigentlich hätten sie davor gar keine Angst haben müssen, denn wie jedermann weiß, „klappert die Mühle am rauschenden Bach", und nicht etwa zwei Gerippe.

Bahkauv – Das Ungeheuer vom Bach

Vor langer Zeit, als es in Aachen vielerorts noch heiße Quellen gab, deren stinkende, gelbliche Schwefeldämpfe die Stadt des Morgens in einen dichten Nebel hüllten, lebte in der Jakobstraße ein armer Zimmermann mit seiner Familie.

Tagein, tagaus schreinerte der rechtschaffene Mann in seiner Werkstatt, doch es brachte ihm nicht viel ein. Seine kleine Familie hatte nur ein bescheidenes Auskommen, und es mangelte ihnen an allen Ecken und Enden. Um das Holz zu sparen, mit dem andere das Waschwasser erwärmten, ging seine Frau zu den Aachener Quellen und wusch ihre Wäsche in dem Schwefelgebräu, das dort heiß aus der Erde sprudelte. Deswegen haftete der Familie auch ein etwas seltsamer Geruch an.

„Stinkewäsche", so nannte sie der kleine Johann insgeheim. Er war der Sohn des Zimmermanns. Ein aufgeweckter, mutiger Junge, dem kein Streich zu waghalsig war und der den lieben langen Tag mit den Jungs aus der Nachbarschaft auf den Feldern spielte und die Wälder um Aachen durchstreifte.

In den frühen Abendstunden aber musste mit dem wilden Spiel auf den Feldern Schluss sein, denn dann riefen die Aachener Mütter ängstlich nach ihren Kindern. Noch bevor die Dunkelheit über der Stadt hereinbrach, mussten sie alle zu Hause sein. Nur hier waren sie in Sicherheit vor dem schrecklichen Ungeheuer, das des Nachts in Aachen sein Unwesen trieb: Das Bahkauv!

Schon seit vielen, vielen Jahren versetzte das Bahkauv die Aachener in Angst und Schrecken. Den Beschreibungen nach sah es zum Fürchten aus, und es stank bestialisch: Ein Ungeheuer mit dem Kopf einer Raubkatze und fürchterlichen Reißzähnen. Schwarz wie die Nacht, mit mächtigen Klauen und einem langen Schwanz. Sein drachenartiger Körper war bedeckt mit Schuppen, wie der einer Echse. Es hieß, sogar Pippin der Kurze, der Vater des großen Karls, habe einst gegen das Bahkauv gekämpft und sei nur knapp mit dem Leben davongekommen.

Bahkauv bedeutet im Aachener Dialekt ‚Bachkalb', und das Bachkalb war nicht nur ein Untier, es war auch ein Raubtier. Nachts lauerte es den späten Heimkehrern auf, die beschwipst aus den Wirtshäusern kamen und durch die dunklen Gassen nach Hause irrten. Es verfolgte sie mit grausigem Fauchen und drohendem Knurren, hängte sich an ihre Rücken und stahl ihnen sämtliches Geld aus den Taschen. Ganz versessen war das Ungeheuer auf die klimpernden Münzen, erzählten sich die verschreckten Aachener. Wer heil davonkommen wollte, sollte zusehen, dass er vor der Abenddämmerung zu Hause war.

Viele Aachener Männer kamen im Morgengrauen mit leeren Taschen nach Hause. Schockiert erzählten sie ihren Frauen die Geschichte vom schrecklichen Bahkauv, das sie überfallen hatte.

Allerdings konnte niemand es genau beschreiben, weil es doch den Menschen auf den Rücken sprang und seine Opfer nur seine fürchterlichen Krallen sahen und seinen widerlichen Gestank rochen. Deswegen nahm das Bahkauv in der Phantasie der Aachener vielerlei Gestalt an. Das eine Mal glich es einem Bären, ein anderes Mal einem Wildschwein, dann wiederum einem Stier oder gar einem Drachen.

Die Aachener Frauen glaubten ihren Männern kein Wort und waren überzeugt, dass sie das ganze Geld im Wirtshaus ausgegeben hatten und nun die Geschichte vom Bahkauv als Ausrede benutzten, warum sie so spät und ohne Geld nach Hause kamen. So gab es nachts häufig Streit in den Häusern der Stadt.

Nur ein Einziger hatte das Untier je zu Gesicht bekommen und konnte es genau beschreiben: Hans Palmen, der Wächter vom Jakobstor. Um die Straßen endlich wieder sicher zu machen, wurde er von den Ratsherren beauftragt, Nacht für Nacht durch das Viertel zu patroullieren und das räudige Raubtier aufzuspüren. Doch kam er immer um Sekunden zu spät. Jedes Mal war das teuflische Geschöpf just mit seiner Beute in der Dunkelheit verschwunden und blieb unauffindbar. Man munkelte, es verschwände durch den Kolbert, einen Brunnen zwischen Büchel und Holzgraben, und lebe in einer unterirdischen Höhle tief unter der Stadt.

Eines Nachts wurde Johann von den lauten Stimmen seiner Eltern geweckt, die in der Stube über das Ungeheuer stritten. Leise schlich er über den Flur zur Stubentür und lauschte: „Schwer war es, und es stank gar fürchterlich", hörte er seinen Vater sagen. „Seine scharfen Klauen hielten mich fest umklammert und zogen mir den Geldbeutel aus der Tasche. Ich

hatte schreckliche Angst und bin um mein Leben gerannt." Ein verzweifelter Seufzer folgte seinem Bericht: „So glaube mir doch. Ich habe das Geld nicht im Wirtshaus ausgegeben. Das Bahkauv hat es mir gestohlen."

Auch wenn seine Mutter es nicht tat, Johann glaubte seinem Vater! Sein Entschluss war schnell gefasst. Er musste das Bahkauv zur Strecke bringen, um die Aachener von ihrer Angst zu befreien und seiner Mutter zu beweisen, dass sein Vater die Wahrheit sprach.

Noch in derselben Nacht legte er sich einen Plan zurecht. Früh am nächsten Morgen weihte er seinen Vater ein, denn der sollte der Lockvogel sein. Gemeinsam wollten Vater und Sohn dem Ungeheuer eine Falle stellen.

In der nächsten Vollmondnacht war es soweit. Kaum war es dunkel, schlich sich Johann mit einem Fangnetz und einer Laterne aus dem Haus und versteckte sich in einem Hauseingang. Dort wartete er und lauschte auf die herannahenden Schritte seines Vaters, der, wie verabredet, erst spät am Abend von einer Baustelle in die Stadt zurückkam. Vorsorglich hatte der Zimmermann sich eine Handvoll Kupfermünzen in die Hosentaschen gesteckt. Jetzt klimperte jeder seiner Schritte, als wären seine Taschen randvoll mit Geld.

Im Mondlicht sah Johann die Umrisse seines Vaters langsam näherkommen. Da plötzlich hörte er ein grausiges Fauchen, und ein schwarzer Schatten sprang dem Zimmermann auf den Rücken. Vor Schreck schrie der Vater laut auf.

Johann erstarrte in seinem Versteck und wollte ihm zu Hilfe eilen, doch diesmal war der Zimmermann vorbereitet und ließ sich nicht einschüchtern. Mutig griff er mit seinen großen, kräftigen Händen hinter sich, packte den Angreifer und hielt ihn umklammert wie einen Holzbalken im Schraubstock. Dann zog er ihn mit all seinen Kräften und einem heftigen Ruck über seinen Kopf hinweg nach vorn und warf ihn krachend zu Boden, wo er sich stöhnend wand.

Blitzschnell stürzte Johann aus seinem Versteck, warf das Netz über das Bahkauv und zog es fest zusammen. Dann leuchtete er mit seiner Laterne auf das Geschöpf hinunter und traute seinen Augen nicht. Dort lag doch tatsächlich Hans Palmen, der Wächter vom Jakobstor. In zotteligen, schwarzen Lumpen, mit einer gruseligen Maske, einem geschnitzten Raubtierrachen vor dem Gesicht und mit Ruß gefärbten Haaren hatte er sich als Ungeheuer verkleidet und in dieser Maskerade die Aachener jahrelang aufs Gemeinste bestohlen. Doch nun waren der Gauner und sein Bahkauv-Spuk entlarvt. Zur Strafe wurde er als Dieb und Bürgerschreck abgeführt, mit Rutenschlägen bestraft und der Stadt Aachen für immer verwiesen.

Das diebische Bahkauv war nun ein für alle Mal vertrieben. Die dankbaren Aachener feierten den Zimmermann und seinen mutigen Sohn Johann. Johanns Mutter strahlte vor Stolz, und er selbst war überglücklich, denn er hatte der Mutter gezeigt, dass sein Vater kein Lügner, sondern ein rechtschaffener Mann war. Und das war für ihn das Allerwichtigste.

Seit 1967 steht das bronzene Bahkauv-Denkmal auf dem Brunnen am Aachener Büchel. Geht doch einmal dorthin und schaut euch die Statue des Bahkauvs an. Einem solchen Ungeheuer möchte man lieber nicht im Dunkeln begegnen! Die Aachener können froh sein, dass es das Bahkauv nie wirklich gegeben hat. Auch nicht Anfang des 17. Jahrhunderts, denn aus jener Zeit stammt die Legende.

Prinzessin Emma und der Geheimschreiber

Emma Kunigunda Raimunda Aquitania war eine der vielen schönen Töchter Karls des Großen. Sie war groß gewachsen und von stattlicher Gestalt, das hatte sie von ihrem Vater geerbt. Ihre Lieblingsfarbe war Grün. Deswegen trug sie auch mit Vorliebe lange grüne Gewänder, und ihr goldenes Prinzessinnendiadem war mit den wertvollsten Smaragden und anderen tiefgrün schimmernden Edelsteinen besetzt.

Emmas Lieblingstiere waren Einhörner, obwohl sie sich nicht ganz sicher war, ob diese sagenhaften Wunderwesen überhaupt existierten, denn trotz unermüdlicher Bemühungen war sie noch nie einem begegnet.

Prinzessin Emma hatte einen ganzen Stall voller Geschwister, denn seine vielen Ehefrauen hatten Kaiser Karl eine große Kinderschar geschenkt. Folglich war bei ihnen zu Hause immer richtig viel los. Allerdings war dort auch Platz genug, denn die noble Sippschaft wohnte, wie es sich für eine ordentliche Kaisersfamilie geziemte, in einem großen Palast, der sogenannten Kaiserpfalz zu Aachen.

Während die meisten Söhne den kaiserlichen Hof schon verlassen hatten, wohnten die Töchter allesamt bei ihrem Vater. Es hieß, Karl liebe sie so sehr, dass er sie immer um sich haben wolle. Er nannte sie seine gekrönten Täubchen, die durch die Stuben des Palastes flattern.

Die schönen Täubchen lebten ein sorgloses Leben. Sie hatten absolute Narrenfreiheit und konnten tun und lassen, was immer sie wollten. Nur eines war den Töchtern des großen Frankenherrschers strengstens verboten. Sie durften niemals heiraten!

Karl der Große war nicht bereit, seine Töchter mit irgendwem zu teilen. Wären sie mit anderen Königen oder Prinzen verheiratet, würden sie aus dem Palast ausziehen und ihren Vater verlassen, und das würde dem Kaiser das Herz brechen. Außerdem würden solche Schwiegersöhne Ansprüche auf Reichtümer, Ländereien und Macht im Frankenreich erheben, und das war schlichtweg ein Ding der Unmöglichkeit.

„Keiner ist so reich und so mächtig wie ich, und das soll auch so bleiben!" So und nicht anders dachte der große Karl.

Die Kaiserstöchter waren aber nicht nur schön, sie waren auch gebildet. Die besten Lehrer des Reiches waren zur Stelle und lehrten die edlen Fräulein lesen und schreiben. Auch in der Malerei und anderen schönen Künsten wurden sie unterwiesen, und sie bekamen Gesangsunterricht. Am Abend wurde im Palast immer üppig gespeist und so viel gesungen, gespielt, getanzt und gelacht, dass es eine Freude war. Das Leben am kaiserlichen Hof war einfach wunderbar, fand Prinzessin Emma, und es fehlte ihr an nichts.

Nun begab es sich, dass eines Tages ein junger Mann an den Hof gerufen wurde, der das Leben des großen Kaisers aufschreiben sollte. Einhard hieß er, und er war Karls persönlicher Geheimschreiber. Er war nicht besonders groß, von recht schmaler Gestalt, doch als er Prinzessin Emma mit seinen großen, grünen Augen zum ersten Mal ansah, war es um sie geschehen. Von da an konnte sie an nichts anderes mehr denken als an Papas neuen Geheimschreiber. Wenn sie nachmittags auf ihrer Lieblingsbank in des Kaisers Kräutergarten saß, träumte sie nur von ihm. „Einhard", seufzte sie vor sich hin, „das klingt fast wie Einhorn." So ein bedeutsames Wunderwesen war er für sie.

Auch Einhard konnte sich dem Liebreiz der bezaubernden Kaiserstochter nicht entziehen und verliebte sich Hals über Kopf in Emma. Da er viele der großen Heldenlieder auswendig kannte, wurde er bald zum Gesangslehrer der Mädchen und durfte nun Tag für Tag der glockenhellen Stimme seiner Angebeteten lauschen.

So kam es, wie es kommen musste. Eines schönen Tages nach der Gesangsstunde gestanden sie einander ihre Liebe und gaben sich den ersten heimlichen Kuss.

Niemand am Hofe bemerkte etwas von ihrer Liebe, und damit das auch so blieb, fingen sie an, sich nachts heimlich zu besuchen. Sie mussten höllisch aufpassen, am Morgen wieder rechtzeitig in ihren Kammern zu sein. Keine Menschenseele durfte von ihrem Geheimnis erfahren. Eine Liebe solchen Ausmaßes wäre bestimmt ein großes Ärgernis für Kaiser Karl, der seine Töchter doch mit niemandem auf der Welt teilen wollte, und ganz bestimmt nicht mit einem einfachen Schreiberling. Da blieb Emma und Einhard nichts anderes übrig, als sich weiter heimlich zu treffen. So vergingen der Sommer und der Herbst, und es waren die schönsten ihres Lebens.

Als der verliebte Einhard nach der ersten eiskalten Winternacht im Morgengrauen wieder in seine Kammer zurückschleichen wollte, sah er zu seinem großen Schreck, dass in der Nacht frischer Schnee gefallen war und eine dicke weiße Schneedecke den Katschhof bedeckte.

Oh weh, nun würde ihre Liebe entdeckt werden, denn im Schnee würden seine Fußabdrücke von der Kemenate der Prinzessin bis zu seiner Kammer gut erkennbar sein und ihr süßes Geheimnis verraten. Die Verzweiflung der Liebenden war groß. Was sollten sie nur tun?

Schlau wie sie nun einmal war, hatte seine Emma die rettende Idee. „Geliebter“, flüsterte sie, „ich werde dich Huckepack zu deiner Kammer tragen. Ich gehe doch sowieso jeden Morgen über den Hof zum Morgengebet in die Marienkirche, und die liegt nur wenige Meter von deiner Kammer entfernt. Meine Fußspur im Schnee wird niemandem verdächtig vorkommen.“ Und so nahm die große, starke Emma den kleinen, schmalen Einhard Huckepack, und sie machten sich auf den Weg.

Keiner der beiden ahnte jedoch, dass Kaiser Karl ausgerechnet in jener Nacht von schlimmen Magenschmerzen geplagt wurde. Unruhig hatte er

sich bis in die frühen Morgenstunden in seinem Bett hin- und hergewälzt, bis er endlich beschloss aufzustehen. Dabei schaute er zufällig durch das Fenster seines Schlafgemachs auf den Katschhof und traute seinen Augen nicht. Da stapfte ein schwerfälliger Fremder mit einem riesigen Buckel früh am Morgen durch den Schnee.

„Was zur Hölle hat dieser bucklige Fremdling an meinem Hof zu suchen?“, fragte er sich. Vor dem Eingang zum gegenüberliegenden Gebäude blieb der Bucklige stehen. Oh Wunder, da rutschte doch tatsächlich der Buckel vom Rücken des Unbekannten herunter, und plötzlich standen da zwei Fremdlinge. Karl rieb sich die Augen.

„Spukt es an meinem Hof oder träume ich?“, fragte er sich. Bei näherem Hinsehen erkannte Karl seine geliebte Tochter Emma, die sich mit einer innigen Umarmung von seinem persönlichen Geheimschreiber Einhard verabschiedete. Dann lief sie leichten Schrittes zum Morgengebet in die Marienkirche weiter.

Der Kaiser war platt. So glücklich hatte er seine Tochter noch nie gesehen. Emma, sein Täubchen, war zum Turteltäubchen geworden. „Na wartet“, dachte der Kaiser gerührt und belustigt, „wenn ihr glaubt, ihr könntet Karl den Großen hinters Licht führen, dann habt ihr euch geschnitten.“ Und er begann zu überlegen, wie er die Liebenden überraschen könnte.

Als am nächsten Abend nach dem üppigen Mahl die Tafel abgeräumt war und die Musikanten zum Tanz aufspielten, rief der Kaiser vor versammeltem Hofstaat seine Tochter Emma und seinen Geheimschreiber zu sich. „Einhard, mein Guter“, sprach er, „so halte er denn fest, dass am heutigen Tage Großes geschah in der Kaiserpfalz zu Aachen.“

Mit gezückter Schreibfeder sah Einhard ihn erwartungsvoll an. „So schreibe er denn“, fuhr der Kaiser fort, „dass Karl, Kaiser des Frankenreiches, an diesem Abend eine große Ausnahme machte und seine geliebte Tochter Emma Kunigunda Raimunda Aquitania mit seinem persönlichen

Geheimschreiber Einhard verlobte." Dann nahm er Emmas Hand und legte sie in Einhards. Ein Raunen ging durch den Saal. „Mache sie zur glücklichsten Frau der Welt, sonst gnade dir Gott!", schmunzelte der Kaiser. „Sie soll dich nie mehr wie ein Esel auf dem Rücken tragen müssen."

Dem persönlichen Geheimschreiber fiel vor Staunen die Kinnlade herunter und die Feder aus der Hand. Emma stieß einen Freudenschrei aus und fiel ihrem Vater um den Hals. „Danke, Papa!", jubelte sie, „du bist der beste Vater der Welt!"

„Musik!", rief der Kaiser, und die Musikanten ließen ihre Instrumente erklingen. Dann wurde bis zum Morgengrauen die erste Verlobung einer Tochter Karls des Großen gefeiert. Einhard und Emma lebten glücklich und zufrieden bis an ihr Lebensende und bekamen viele Kinder, ganz so, wie der große Karl es ihnen vorgemacht hatte.

Karl der Große ist 66 Jahre alt geworden, was für damalige Verhältnisse sehr alt war. Er war fünfmal verheiratet und hatte 18 Kinder. Einhard war tatsächlich sein persönlicher Geheimschreiber und Biograph. Unter dem Titel ‚Vita Karoli Magni' (Das Leben Karls des Großen) hat er das Leben des Kaisers aufgeschrieben. Ihm haben wir es zu verdanken, dass so viel über das Leben am Hofe Karls des Großen bekannt wurde. Setzt euch einmal auf die Bank in Kaiser Karls Kräutergarten hinterm Rathaus und schaut über den Katschhof, dessen Name vom Kax (Pranger) stammt, der hier früher stand. Dann könnt ihr euch besser vorstellen, wie es damals hier zuging, und wie Emma ihren Einhard Huckepack von der einen Seite zur anderen getragen hat.

Die Aachener Hinzenmännchen

Vor vielen hundert Jahren lebte in Aachen ein Volk ungehöriger Wichtelmänner. Mit ihren langen Zauselbärten, dicken Knubbelnasen, geflickten Kleidern und zerbeulten Zipfelmützen waren sie lustig anzusehen. Oft passte ihr Wams nicht zur Hose, war entweder zu groß oder zu klein, und meistens trugen sie zwei verschiedene Schuhe.

Die frechen, kleinen Kobolde hausten im Hinzenturm am Ende der Hinzengasse. Tagsüber schliefen sie tief und fest, des Nachts aber trieben sie ihr Unwesen in der Stadt. Es hieß, die wilde Meute sei von der Emmaburg aus dem Süden durch das weit verzweigte, unterirdische Tunnelsystem unter dem Hinzenturm nach Aachen gelangt.

Von da an machten die armen Aachener in der Nacht kein Auge mehr zu, so laut polterten die kleinen Männlein durch die Gassen und über die Dächer der Stadt. Hinzenmännchen, so wurden die kleinen Poltergeister genannt, und sie waren eine unsägliche Plage, obwohl kein Aachener sie jemals wirklich gesehen hat.

Andernorts gab es fleißige Zwerge, die die Arbeit für die Handwerker erledigten. In Aachen jedoch verhielt es sich ganz anders. Nachts klapperten die kleinen Bengel an Türen und Fenstern, hüpften auf den Dachziegeln umher und warfen Knallerbsen durch die Schornsteine.

Um die Plagegeister loszuwerden, stellten die Aachener abends ihre blitzblank gescheuerten Kochtöpfe und Pfannen vor die Tür, mit denen sich die Wichtel ihr Nachtmahl zubereiteten, und die sie morgens ebenso blitzblank und unversehrt wieder vor den Häusern abstellten. Endlich war Ruhe, denn anstatt zu rumpeln, kochten die Geisterwichtel nun die leckersten Rezepte aus der Zwergenküche.

Gute Köche waren sie, richtige kleine Feinschmecker, die nun kochten, backten, schmausten, tranken, lachten und sangen. Endlich bekamen die Aachener ihren verdienten Schlaf! Aber wehe dem, der es wagte, schmutzige Töpfe oder fettige Pfannen vor seine Tür zu stellen, oder es gar vergaß, sein Kochgeschirr nach draußen zu stellen, dem erging es übel: Dem beschmierten sie das Haus mit Matsch, warfen Knallfrösche durch den Kamin, klapperten laut mit den Fensterläden und tanzten bis zum Morgengrauen den Hinzentanz auf seinem Dach. Ein Zwergengepolter, laut wie ein Erdbeben, tobte dann durch die Stadt. Da wurde selbst der schmuddeligste Bewohner Aachens zum Saubermann und putzte seine Kochkessel, bis er sich darin spiegeln konnte.

Bis auf eine Ausnahme.

Gunther der Griesgram war ein Eigenbrötler und ein übler Trunkenbold. Er wohnte ganz in der Nähe des Hinzenturmes. Der Legende von den Hinzenmännchen schenkte er keinerlei Glauben und beschimpfte seine Mitbürger als abergläubisches Pack.

„Ihr seid ja verrückt geworden, Töpfe und Pfannen auf die Straße zu stellen!", lachte er sie aus und tippte sich mit dem Finger an die Schläfe. „Den Teufel werde ich tun! Der Nordwind ist schuld an dem Getöse, ihr Dummköpfe! Hinzenmännchen gibt es nicht."

Kopfschüttelnd betrat der alte Tunichtgut sein Haus an der Stadtmauer und bereitete sich auf die Nacht vor. Sein Geheimrezept für guten Nachtschlaf bestand darin, jeden Abend so viel Branntwein zu trinken, bis er umfiel. Er schnarchte dann so laut in seinem Bett, dass er den nächtlichen Radau gar nicht mehr hörte. Da hatte er natürlich gut lachen. Nie im Leben hätte der griesgrämige Gunther sein Kochgeschirr auf die Straße gestellt.

Doch genau das sollte ihm zum Verhängnis werden, denn selbstverständlich hatten die Hinzenmännchen auf ihren nächtlichen Streifzügen durch die Stadt bemerkt, dass vor Gunthers Haus nie ein Topf oder eine Pfanne zu finden war. Nacht für Nacht hatten sie sich auf seinem Dach die Füße wundgetanzt, fleißig Knallfrösche in seinen Kamin geworfen, sein Haus über und über mit Matsch beschmiert und so laut mit seinen Fensterläden geklappert, dass sogar die braven Nachbarn wach geworden waren.

Und selbstverständlich war den kleinen Wichten auch nicht entgangen, dass Gunther der Griesgram trotz des Höllenspektakels, das sie veranstalteten, nicht wachzukriegen war. Potzteufel noch einmal!

Von nun an mussten die armen Aachener doppelte Höllenqualen durchstehen, denn die Hinzenmännchen spukten jetzt um die Wette durch die Stadt. Sieger war, wer es schaffte, mit seinem Lärm den Griesgram aufzuwecken. Da gaben sich alle redlich Mühe, besonders laut zu rumpeln und sangen dazu ihre fiesen Lieder.

„Hinzenmännchen heißen wir.
Bringen schlimme Träume dir.
Wenn wir poltern, eins zwei drei,
ist's mit deinem Schlaf vorbei.
Wart nur, bis wir dich aufwecken.
Dann wirst du dich zu Tode erschrecken.
Hihi haha hoho – du wirst dein Lebtag nicht mehr froh!"

So schrien sie auf Gunthers Dach. Doch so laut sie auch sangen, Gunther schnarchte unbeirrt weiter.

„Anstatt den Griesgram zu bestrafen, bestrafen wir seine braven Nachbarn aus dem Viertel. Sie sind es, die Nacht für Nacht kein Auge zutun, während er schnarcht wie ein Raubritter!", rief ein Hinzenmännchen in die Runde. Das war ungerecht, da waren die Männlein sich einig. Und nach langer Zwergendebatte hatten sie die Lösung: „Hoho haha hihi – den holen wir uns, jetzt oder nie!"

In der kommenden Nacht war es mucksmäuschenstill auf den Aachener Straßen. Nach ihrem Festschmaus verzichteten die Hinzenmännchen auf das übliche Gepolter. Vorsichtig stellten sie Töpfe und Pfannen zurück und schlichen dann auf leisen Sohlen zum Haus des Griesgrams. Nacheinander rutschten sie durch den Schornstein ins Haus hinein und holten ihn mit vereinten Kräften aus dem Bett.

„Hau ruck! Hau ruck!“, stöhnten die Winzlinge.

Der Tunichtgut aber schlief so tief und fest, dass er nicht einmal merkte, wie er von einem ganzen Heer von Wichtelmännern bis zum Eingang des unterirdischen Tunnels tief unter dem Hinzenturm getragen wurde.

„Juhuuu“, jubelten die Zwerge als sie auf ihren Hinzenschlitten stiegen, der von drei braunen Ratten gezogen wurde. Und los ging die wilde Tunnelfahrt bis weit ins freie Land hinein. Der griesgrämige Gunther fuhr als gut verschnürtes, schnarchendes Paket auf dem Anhänger hinterher.

Seitdem hat man die Hinzenmännchen in Aachen nie mehr gesehen und auch den griesgrämigen Trunkenbold waren die Aachener ein für alle Mal los. In der Stadt war endlich Ruhe eingekehrt.

Was aus den wilden Männlein geworden ist, weiß niemand so genau. Manchmal jedoch erzählten vorbeiziehende Wanderer von einer Horde winziger Wegelagerer, die in den Dörfern um Aachen gesichtet worden seien. Nur einer von ihnen, so sagten sie, sei ungewöhnlich groß gewesen.

Der Hinzenturm, in dem einst die Hinzenmännchen gehaust haben sollen, war ein Wehrturm der äußeren Stadtmauer Aachens, die zwischen 1257 und 1357 errichtet wurde. Er stand in der Nähe des Kölntors, hatte drei Geschosse, Schießscharten und eine Turmfahne auf dem Dach. 1881 ist er abgerissen worden. Nur die Heinzenstraße erinnert heute noch daran. Unternehmt doch einmal einen Spaziergang zu dem Ort, wo früher der Hinzenturm stand. Vielleicht findet ihr ja noch den ein oder anderen zurückgebliebenen Kochtopf vor den Häusern oder hört es am Abend noch irgendwo gespenstisch rumpeln.

Der Teufel und die schlaue Marktfrau

RACHE! Fuchsteufelswild tobte der Teufel im Veitstanz durch die Hölle und bekam einen Wutanfall nach dem anderen. Zornig ballte er die Fäuste, stampfte laut auf, schnaubte, schrie, sprang fluchend über das Höllenfeuer und sendete die stinkigsten Schwefelwolken hinauf an die Erdoberfläche nach Aachen.

„Unverschämtheit!", grollte er. „Reingelegt haben sie mich! Ausgetrickst, übertölpelt, betrogen, verschaukelt und aufs Glatteis geführt! Noch nie hat es jemand gewagt, sich mit mir, dem Herrscher der Unterwelt, anzulegen!"

Stinksauer war der Teufel auf die Aachener Ratsherren. Was für eine Demütigung! Wie konnten sie es wagen? Anstelle der heiligen Seele des Papstes hatten sie dem Höllenfürsten nur eine mickrige Wolfsseele überlassen. Welch unglaubliche Schmach!

„Wartet's nur ab, ihr Armleuchter. Das werde ich euch heimzahlen!"

Rachsüchtig überlegte er hin und her, wie er die Aachener für ihren gemeinen Trick bestrafen konnte. Da kam ihm eine ausgesprochen teuflische Idee: „Zuschütten werde ich eure ganze Stadt! Ihr sollt alle elendig im Sande ersticken. Nichts wird von Aachen mehr zu sehen sein. Noch nicht einmal die Kuppelspitze eures schönen Domes wird aus dem Sand herausgucken, wenn ich fertig bin. Das schwöre ich euch!"

Mit einem riesigen Sack machte er sich auf den Weg an die Nordsee, wo es an den holländischen Stränden, nicht weit von Aachen, genügend Sand gab, um die Stadt darunter zu begraben. Am Strand angekommen, schaufelte er erzürnt so viel Sand in den Sack, bis er so prall gefüllt war, dass selbst der Teufel seine liebe Not hatte, ihn auf seinen Rücken zu hieven.

Schwitzend und schimpfend schleppte der Krippekratz den schweren Sandsack Richtung Aachen. Unbarmherzig schien die Sonne auf ihn herab. Auf der Hälfte des Weges konnte er nicht mehr. Stöhnend lud er den Sack ab und zog nun im Schneckentempo die zentnerschwere Last grimmig hinter sich her. Er keuchte bei jedem Schritt.

Am Rande des Aachener Talkessels musste er schließlich eine Rast einlegen. Ächzend ließ der Beelzebub sich am Wegesrand nieder und dünstete stinkende, gelbe Schwefeldämpfe aus. Er war am Ende seiner Kräfte. Zum Donnerwetter! Wenn er doch bloß wüsste, wie weit es noch bis Aachen war.

Eine Marktfrau kam summend des Weges. Sie trug einen Korb mit Äpfeln, Birnen und einem Laib Brot, Reste der Waren, die sie morgens auf dem Aachener Wochenmarkt verkauft hatte. Sie nahm ihren Strohhut ab und wischte sich mit der Hand den Schweiß von der Stirn. Da bemerkte sie den merkwürdigen Gesellen, der neben dem Weg im Gras saß. Irgendetwas stimmte mit dem nicht. Trotz der Hitze trug der Fremde einen glänzenden schwarzen Umhang. Gelber Dunst umgab ihn, und er stank bestialisch. Außerdem meinte sie, zwischen seinen dichten schwarzen Haaren zwei spitze Beulen zu erkennen, und sein rechter Fuß sah verdächtig nach einem Pferdehuf aus.

„Du meine Güte!“ Die Marktfrau erstarrte vor Schreck. „Wenn ich mich nicht irre, ist das der leibhaftige Satan höchstpersönlich. Was der wohl wieder im Schilde führt? Sicherlich nichts Gutes“, argwöhnte sie und bekreuzigte sich. Mutig blieb sie direkt vor dem finsteren Gesellen stehen.

„Heiß heute, werter Herr!“, sprach sie ihn freundlich an. „Ein frischer Apfel gefällig? Ich schenke ihn Euch. Ist übrig geblieben vom Markt in Aachen.“

Dankbar nahm der Teufel den Apfel entgegen und biss hungrig hinein: „Habt Dank, gute Frau“, sagte er und grinste hämisch. „Aber sagt, wenn Ihr vom Markt kommt, wisst Ihr doch sicherlich, wie weit es von hier bis nach Aachen ist.“

Seufzend blickte die Marktfrau hinunter auf ihre staubigen Schuhe, die alt und löchrig waren. „Seht Euch nur meine Schuhe an, werter Herr“, antwortete sie. „Heute früh erst kaufte ich sie neu auf dem Markt und bin damit den ganzen langen Weg bis hierher zu Fuß gegangen. Nun sind sie völlig abgewetzt und ausgetreten.“ Dann griff sie nach dem Brot in ihrem Korb und hielt es ihm entgegen. „Fühlt nur, selbst mein Brot ist unterwegs steinhart geworden. Heute Morgen war es noch frisch. Es dauert noch eine Ewigkeit bis in die Stadt.“ Scheinheilig lächelte sie ihn an und dachte bei sich: „Hoffentlich fällt der Satansbraten auf meine kleine List herein und verzieht sich wieder in seine Hölle.“

„Verflixt und zugenäht!“, fauchte der Teufel miesepetrig. „Da habe ich ja noch einen verdammt weiten Weg vor mir.“ Mühsam rappelte er sich hoch. „Jetzt muss ich mich aber beeilen, damit ich noch vor Sonnenuntergang dort ankomme.“

Mit all seiner Kraft hievte er den schweren Sack auf seinen Rücken. Kaum hatte er sich umgedreht, zog die schlaue Marktfrau geistesgegenwärtig ihren Rosenkranz aus der Jackentasche und warf ihn schnell auf den Sack. An der Stelle, wo das Kreuz auf den Sack fiel, brannte es im Nu ein Loch in den Stoff, und mit einem lauten Ratsch riss der Sack mitten entzwei. Unmengen von Sand quollen daraus hervor und landeten auf dem Boden. Es rieselte und rieselte unaufhörlich, und aus dem Sand, unter dem der Teufel die Stadt Aachen begraben wollte, wuchs ein Berg, der Aachener Lousberg. Die schlaue Marktfrau lachte sich ins Fäustchen und zog summend von dannen.

Satans Rache war fehlgeschlagen. Abermals hatte man ihn reingelegt. Wutentbrannt fiel er auf die Knie und hämmerte mit den Fäusten auf den Boden.

„Verfluchte Aachener!“, schrie er. „Das werdet ihr mir büßen. Ich komme wieder, verlasst euch drauf!“ Es war wie verhext. Die Aachener waren einfach zu schlau für den Teufel. Da konnte er machen, was er wollte.

Am Fuße des Lousberges, am Ende der Kupferstraße, stehen die beiden Bronzestatuen ‚Teufel und Marktfrau‘, von denen die Lousbergsage berichtet. Im Namen Lousberg steckt das Wort ‚lous‘, was im Aachener Dialekt ‚schlau‘ bedeutet. Der Lousberg ist 264 Meter hoch und besteht – wie seine kleineren Nachbarberge Salvator- und Wingertberg – aus Meersand mit Muschelteilchen. Ein Ausflug auf den Lousberg lohnt sich. Dort könnt ihr 173 Stufen auf den ‚Drehturm Belvedere‘ steigen. Das ist ein ehemaliger Wasserturm, der mit seinen 35 Metern Höhe ein hervorragender Aussichtspunkt ist. Es gibt dort ein Restaurant, das sich in ca. einer Stunde einmal herumdreht und einen Rundumblick nach allen Seiten bietet.

Der wehrhafte Schmied

Vor fast 800 Jahren lebte in Aachen ein mutiges Mädchen namens Frieda. Sie war die Tochter von Herold, dem Schmied, und kam ganz nach ihrem Vater. Frieda hatte seinen Mut und seine Stärke geerbt. Bärenkräfte hatte sie, war mutig wie ein Löwe und immer auf der Suche nach Abenteuern.

Mühelos hob sie den schweren Schmiedehammer ihres Vaters und half ihm bei der Arbeit, konnte Hufeisen schmieden und Pferde beschlagen. Mit den anderen Mädchen in der Stadt hatte sie nichts gemein. Mädchenspiele, Puppen und Handarbeiten – das war nichts für Frieda. Sie zog lieber mit Jungs durch die Gegend, spielte Ritterkampf und Ballspiele, und maß ihre Muskeln im Armdrücken. Außerdem war Fräulein Frieda ein rechter Wirbelwind und ließ sich nichts gefallen. Deswegen wurde sie von so manchem Aachener auch die freche Frieda genannt.

In jenem Jahr befand sich ihre Heimatstadt in Alarmbereitschaft. Graf Wilhelm von Jülich, der mächtigste Mann in der ganzen Gegend, dem alle umliegenden Städte und Dörfer unterstanden, wollte nun auch über Aachen herrschen. Anstatt hier nur die Steuern für den König einzukassieren, wollte er die Stadt regieren. Es passte ihm ganz und gar nicht in den Kram, dass Aachen schon seit über hundert Jahren eine freie Reichsstadt war, die das Markt- und Münzrecht besaß, dass die Bürger ihre Stadt selbst regierten und es außer dem König keinen Stadtherrn gab.

„Aachen soll zu meinem Reich gehören und damit basta! Ich werde die Stadt unterwerfen, wenn es sein muss mit Gewalt!“, so drohte er den Aachener Bürgern.

Die Aachener aber ließen sich nicht einschüchtern. Sie nahmen das Ansinnen des Grafen nicht ernst und fühlten sich innerhalb des dicken Mauerrings der Barbarossamauer, die schützend ihre Stadt umgab, sehr sicher. Nicht einmal eine Maus kam durch ihre trutzige Stadtmauer. Da konnte ihnen so ein Graf von Jülich doch keine Angst einjagen. Der sollte nur kommen!

Doch was die Aachener nicht ahnen konnten, war, dass der schlaue Graf den verräterischen Wächter vom Kölntor bestochen hatte, das Tor über Nacht nicht abzuschließen, damit der Graf mit seinen Männern unbemerkt in die Stadt eindringen konnte. Und so nahm das Unglück seinen Lauf.

In dieser Nacht, die als legendäre Gertrudisnacht in die Geschichte der Stadt eingehen sollte, war Frieda, nachdem ihre Eltern ins Bett gegangen waren, auf Zehenspitzen aus dem Haus geschlichen. Mit den Jungs aus der Nachbarschaft hatte sie eine Nachtwanderung geplant. Stockfinster war es und kalt, nur das Mondlicht leuchtete ihnen den Weg.

Aufgeregt tappten Frieda und die Jungenbande barfuß durch die Dunkelheit. Dabei tasteten sie sich immer mit einer Hand an der Innenseite der Stadtmauer entlang. Einmal rund um Aachen wollten sie laufen, ohne sich vom Nachtwächter erwischen zu lassen, so lautete ihr Plan. Sie fröstelten und ein bisschen unheimlich war ihnen zumute, auch wenn sie das niemals zugegeben hätten.

Schweigend gingen sie hintereinander her. Der Nachtwind strich durch die Bäume und ließ die Blätter rauschen. Irgendwo rief ein Käuzchen. Als sie sich dem Kölntor näherten, meinten sie plötzlich, das Schnauben von Pferden und ein leises Klirren von der anderen Seite der Mauer zu hören. Überrascht blieben sie stehen und lauschten.

Sehr merkwürdig! Mit einem Mal hörten sie ein Knarzen. Sprachlos beobachteten sie, wie das Tor sich langsam öffnete und die Reiter des Grafen von Jülich erschienen, die leise in die Stadt einritten.

Rasch gingen die Kinder hinter einem Busch in Deckung.

„Lauft schnell nach Hause zurück und warnt eure Eltern!“, zischte Frieda den Jungs zu. „Das ist ein nächtlicher Hinterhalt der Feinde, die unsere Stadt einnehmen wollen. Es sind die Reiter des Grafen von Jülich!“

So schnell ihre Füße sie trugen, schwärmten die Kinder aus und rannten über die Hinterhöfe nach Hause zurück. Dabei schrien sie aus Leibeskräften: „Alarm! Alarm! Der Feind ist in der Stadt. Steht auf, Ihr Bürger von Aachen und kämpft für die Freiheit unserer Stadt! Alarm! Alarm!“

Als die Aachener das hörten, stürzten sie aus ihren Betten an die Fenster und sahen, welch unglaubliches Schauspiel sich auf der Großkölnstraße abspielte: 469 Reiter in Ritterrüstungen, mit Lanzen und Schwertern bewaffnet, waren auf dem Weg zum Marktplatz. An der Spitze der Ritterschar erkannten sie den Grafen Wilhelm von Jülich und seine drei Söhne. Er hatte die Abwesenheit des Königs ausgenutzt, um Aachen hinterrücks zu überfallen.

Das konnten sie sich unmöglich gefallen lassen! So griffen die unvorbereiteten Aachener Bürger nach den erstbesten Waffen, die sie in ihren Häusern finden konnten. Mit Bratpfannen, Reisigbesen, Schaufeln, Spitzhacken, Äxten und allergrößter Tapferkeit bewaffnet, stellten sie sich in Nachthemden, Schlafmützen und Pantoffeln dem Feind entgegen.

Es entbrach ein erbitterter und ungerechter Kampf zwischen den schwer bewaffneten Jülichern und den aus dem Schlaf gerissenen Aachenern mit ihren provisorischen Waffen. Doch ihr Heldenmut, geboren aus dem unbeugsamen Willen, die Stadtfreiheit zu verteidigen, sollte wahre Wunder bewirken. Männer, Frauen, Alte und Kinder – alle Aachener kämpften gemeinsam gegen die Feinde, die nur sehr langsam vorankamen. Viele Aachener stiegen in ihrer Not auf die Dächer ihrer Häuser, rissen Dachziegel ab und schleuderten sie wie Geschosse auf die Angreifer, die dem Ziegelhagel unten auf der Straße schutzlos ausgeliefert waren. So hielten die Aachener sich tapfer, obwohl die Jülicher ihnen an Waffenstärke haushoch überlegen waren.

Inzwischen war Frieda zu Hause angekommen. Sie war völlig außer Atem. In Windeseile erklomm sie die hölzerne Treppe zum elterlichen Schlafzimmer und rüttelte ihren Vater wach: „Vater, Vater, wach auf! Du musst uns helfen. Aachen ist in Not! Der Graf von Jülich und seine Männer haben uns überfallen. Sie sind schon auf dem Weg zum Marktplatz."

Der Schmied war sofort hellwach. Rasch erhob er sich von seinem Bett, lief in seine Werkstatt und holte seinen großen Schmiedehammer.

„Lauf zum Rathaus und sperre es ab, damit sie es nicht stürmen können!“, befahl der Schmied seiner Tochter und drückte ihr eine schwere Eisenkette in die Hand. Schnell griff Frieda noch nach einem kleineren Hammer, nur für alle Fälle. In aller Eile stürzten Vater und Tochter nach draußen auf die Straße.

Dort war der Kampf in vollem Gange, und die Kämpfenden schoben sich Stück für Stück, ächzend und schreiend, die Straße hinauf.

„Klonk, Klonk“ trafen die Schwerter der Feinde aufeinander.

Schon sah es so aus, als ob die Jülicher es schaffen würden, bis zum Marktplatz durchzustoßen, um das Rathaus zu stürmen. Doch als sie fast am Marktplatz angekommen waren, geschah das Unglaubliche: Ein hünenhafter Riese mit einem gigantischen Hammer stellte sich ihnen in den Weg. Herold der Schmied! Instinktiv wichen die Ritter zurück.

Frieda war indes zum Rathaus vorgelaufen und hatte unter Aufbieten all ihrer Muskelkraft die Tür mit der Eisenkette abgesperrt und sie mit einem schweren Vorhängeschloss gesichert. Da kam so schnell keiner rein, da war sie sich sicher!

„Attacke!“

Mit einem fürchterlichen Aufschrei stürzte sich der Schmied auf die Feinde. Er holte mit seinem schweren Schmiedehammer aus und ließ ihn auf die ersten Ritter niedersausen. Sie hatten keine Chance.

Wutentbrannt zertrümmerte der stärkste Mann der Stadt eine Ritterrüstung nach der anderen. Wie Blechbüchsen fielen sie scheppernd zu Boden und sollten nicht wieder aufstehen. So lagen die vier Anführer der feindlichen Ritter schließlich leblos auf der Straße. Es waren Graf Wilhelm von Jülich und seine drei Söhne. Herold der Schmied hatte sie in seiner Wut erschlagen.

Als ihre Waffengefährten das sahen, senkten sie die Schwerter und der Tumult hatte ganz plötzlich ein Ende. Ihre Schilde schützend vor sich haltend, liefen die Feinde in Todesangst über die Jakobstraße und flohen durch das Jakobstor für immer aus der Stadt. Sie sollten sich nie wieder in Aachen blicken lassen.

Die Aachener jubelten. In einem Triumphzug trugen sie Herold, den Schmied, und die mutige Frieda auf ihren Schultern über den Marktplatz, wo sie bis zum Morgengrauen ihren Sieg und die Freiheit ihrer Stadt feierten. Von nun an war Herold ein großer Held. Gut, dass seine tapfere Tochter Frieda ihn rechtzeitig geweckt hatte.

Die Schlacht um die Freiheit Aachens hat es wirklich gegeben. In der sogenannten ‚Gertrudisnacht', vom 16. auf den 17. März 1278, streckte der mutige Schmied im Kampf um die Stadtfreiheit den Grafen von Jülich und seine Söhne nieder, weswegen die Stadt 1909 in Erinnerung an seinen Mut ein Brunnendenkmal errichtete. Das Denkmal des wehrhaften Schmieds findet ihr an der Jakobstraße/Ecke Klappergasse. Die Freiheit Aachens war aber auch eine teure Angelegenheit, denn zur Strafe musste die Stadt nach der Schlacht eine hohe Geldsumme als Entschädigung an die Witwe des Grafen von Jülich zahlen.

Mauritz Mützenmacher

Mauritz Mützenmacher war ein Mützenmacher – ganz wie der Name schon sagt. Wie alle seine Mützen machenden Kollegen wohnte er in der Mostardstraße zu Aachen. Sein Häuschen war schief und baufällig. Der Wind pfiff durch die Ritzen zwischen den Bretterwänden, es zog wie Hechtsuppe, und das Dach war undicht.

In den Regalen seines Mützenladens stapelten sich Hutschachteln und Mützenkartons, Wollknäuel und Bommel bis unter die Decke. Im Winter war es dort so bitterkalt, dass seine Kunden froren und rote Nasen bekamen vor Kälte. Deswegen kauften immer weniger Aachener ihre Mützen bei Mauritz, und seine Geschäfte liefen von Tag zu Tag schlechter.

Im Haus nebenan wohnten zwei alte Mütterchen. Sie waren die Töchter des einst reichsten Mützenmachers der Stadt und hatten nach dem Tod des Vaters sein stolzes Anwesen geerbt. Da die Schwestern nie geheiratet hatten, waren sie beieinander wohnen geblieben und miteinander alt geworden.

So bewohnten sie nun ein großes Haus, man konnte fast sagen eine Villa, die, ganz im Gegensatz zu Mauritz' windschiefer Hütte, sehr stabil gebaut und außerordentlich gepflegt war. Allein die Tatsache, dass die beiden alten Damen ein so wunderschönes Haus bewohnten, verdarb Mauritz gründlich die Laune. Er war furchtbar neidisch.

„Ich arbeite so hart für mein Geld und habe nur ein zugiges altes Holzhaus, während die alten Vetteln von nebenan auf der faulen Haut liegen und in Saus und Braus leben, nur von dem, was ihr Vater ihnen hinterlassen hat. Sie haben noch nicht einmal dafür gearbeitet. Diese Ungerechtigkeit stinkt zum Himmel!", schimpfte er in seiner Werkstatt.

Mauritz

Mit der Zeit wurde er immer unfreundlicher zu seinen Mitmenschen, und so kamen noch weniger Kunden zu ihm.

„Ich brauche unbedingt einen neuen Laden, wo es auch im Winter warm ist und wo ich mehr Platz für meine Ware habe!", jammerte er tagein tagaus. „Ach, wenn ich doch bloß ein solches Haus hätte wie die alten Weiber von nebenan."

Ständig dachte er darüber nach, wie er die beiden Schwestern dazu bringen konnte, ihr Haus zu verlassen, um selbst in die schöne Villa zu ziehen. Schließlich hatte er sich das verdient, fand Mauritz, und überlegte, wie er es am besten anstellen konnte.

„Geisterspuk! Das ist die Lösung!", rief er nach reiflicher Überlegung und grinste hämisch: „Na wartet, ihr alten Jungfern, noch bevor der Frühling kommt, werdet ihr mir euer Haus freiwillig überlassen. Dafür werde ich sorgen, so wahr ich Mauritz Mützenmacher heiße!"

Bereits in der nächsten Nacht wollte er seinen Plan in die Tat umsetzen. Er nahm die schwere Eisenkette, mit der er seinen Laden gegen Einbrecher sicherte, und stieg die knarzende Stiege bis auf den Dachboden seines schmalen Häuschens hinauf. Vorsichtig löste er mehrere Bretter aus der Trennwand zum Nachbarhaus, so dass ein schmaler Durchgang entstand, und schlüpfte hinüber auf den Dachboden der Nachbarinnen. Dann legte er beide Hände an den Mund wie einen Trichter und stieß ein schauerliches Geheul aus. Schlurfenden Schrittes ging er über den Dachboden der alten Damen und zog die schwere Kette hinter sich her, ächzte und stöhnte und fing dann wieder mit seinem Geheul an. Welch fürchterlicher Gruselspuk!

Die Bewohnerinnen des Hauses saßen verschreckt in ihren Betten und ängstigten sich zu Tode. „Oh Schreck! Oh Graus!", schrien sie und zitterten wie Espenlaub. Noch nie hatte es in ihrem gemütlichen Heim derartige Schreckensgeräusche gegeben, die einem das Blut in den Adern gefrieren ließen. Sollte es hier etwa spuken? Waren hier etwa Geister am Werk?

Starr vor Angst warteten sie, bis der Spuk vorbei war und taten die ganze restliche Nacht kein Auge mehr zu, so tief saß der Schreck ihnen in den Knochen.

Mauritz Mützenmacher war hocherfreut über den Erfolg seiner Spuknacht und beschloss, von nun an jede Nacht auf dem Dachboden der alten Damen zu spuken. Nacht für Nacht wurde aufs Schrecklichste gejault, gewimmert, gejammert und gestöhnt. Es klirrten die Ketten, und Mauritz polterte und schlurfte, bis die Schreie seiner Nachbarinnen bis auf die Straße schallten. Beinahe glaubte er schon selbst, er sei ein Gespenst. Er rieb sich die Hände: „Bald habe ich sie soweit, und dann werde ich, Mauritz Mützenmacher, der neue Hausherr sein. Ihr werdet schon sehen."

Am nächsten Morgen hatten die beiden Mütterchen genug von dem Spuk. Sie zogen sich ihre warmen Wintermäntel über und gingen zum Nachtwächter, um ihn um Hilfe zu bitten. Derweil saß Mauritz, das Nachtgespenst, ahnungslos in seiner Werkstatt, häkelte fröhlich ein paar Mützen und freute sich insgeheim schon auf sein neues Zuhause.

Als es Nacht wurde, nahm er seine Eisenkette und stieg auf den Dachboden, um wie jede Nacht sein schauerliches Spektakel zu beginnen. Doch was Mauritz nicht ahnen konnte, war, dass die Nachbarinnen mit dem Nachtwächter und seinem großen Wachhund in der Stube beim Tee saßen und nur auf seinen Spuk gewartet hatten: „Hasso, fass!", rief der Nachtwächter, als er das Kettengerassel auf dem Dachboden hörte. Laut bellend stürmte der Hund die Treppen hinauf.

Mauritz hatte gerade mit seinem Geheul begonnen, als er plötzlich von ohrenbetäubendem Bellen und bedrohlichem Knurren aus dem Erdgeschoss übertönt wurde. Er hörte ein Hundehecheln und klackende Pfoten, die die Treppe zum Dachboden hinaufstürmten, gefolgt vom Stampfen schwerer Männerstiefel. Er schaffte es gerade noch, sich hinter einem Schaukelstuhl zu verbarrikadieren, als der Wachhund auf ihn lossprang, knurrend seine Lefzen hochzog und mit seinen spitzen Zähnen gierig nach ihm schnappte.

„Hasso, aus!“, ertönte hinter dem wild gewordenen Hund die vertraute Stimme des Nachtwächters, der ihn am Halsband von Mauritz wegzog.

Zitternd kroch der Mützenmacher hinter dem Schaukelstuhl hervor. „Da haben wir ja unser Gespenst!“, rief der Nachtwächter, als hinter ihm die beiden Nachbarinnen den Dachboden betraten. „Gekonnt gespukt, Mauritz Mützenmacher! Du dachtest wohl, dir mit deinem Spuk ein neues Haus erschleichen zu können, aber daraus wird nichts, mein Freund. Du bist festgenommen wegen Frevels an deinen Nachbarinnen und kommst zur Strafe ins Gefängnis! Da hast du genügend Zeit zu überlegen, ob man seine Mitbürger so behandeln sollte!“ Dann packte er den eingeschüchterten Mauritz beim Kragen und führte ihn unsanft die Treppe hinunter.

Eine ganze Woche lang saß Mauritz im Kerker des Grashauses. Zeit genug zum Nachdenken hatte er dort und schämte sich sehr für seine Freveltaten. Schließlich hatten die Nachbarinnen ihm doch nie etwas Böses getan.

Ganz Aachen lachte über das Mützen machende Nachtgespenst aus der Mostardstraße. Zur Strafe wurde er dazu verdonnert, nicht nur die zerstörte Bretterwand auf dem Dachboden zu reparieren, sondern in Zukunft alle anfallenden Reparaturen für die beiden Damen zu erledigen.

Und siehe da: Die Reparaturarbeiten machten Mauritz so viel Spaß, dass er im Anschluss direkt in seinem Häuschen weitermachte. Er dichtete Fugen ab, ersetzte morsche Bretter, reparierte das Dach und verpasste seinem Haus einen roten Anstrich. So erstrahlte das alte Holzhäuschen des Mützenmachers bald in neuem Glanz, und seine Kunden kamen zurück.

Bald war aller Spuk vergessen. Von nun an lebte Mauritz Mützenmacher in friedlicher und freundlicher Nachbarschaft mit den beiden alten Damen von nebenan.

Einige Straßen der Aachener Altstadt tragen noch heute die Namen der Handwerker, die früher dort wohnten, wie zum Beispiel die Schmiedgasse, die Webergasse, die Körbergasse oder die Krämergasse. Die Mostardstraße gibt es schon seit dem Mittelalter. In den Grafschaftsverzeichnissen aus der damaligen Zeit heißt sie Motzersgasse oder Mützersgasse, weil hier damals die Aachener Mützenmacher zu Hause waren. Wenn ihr wissen möchtet, wo Mützenmacher wie unser Mauritz einst gelebt und gearbeitet haben, spaziert doch einfach mal durch die Mostardstraße. Sie ist eine Parallelstraße der Pontstraße und die Verbindung zwischen der Großkölnstraße und der Neupforte.

Der verwunschene Schlangenring

Laute Fanfaren kündigten am Hofe Karls des Großen die Aachener Gerichtstage an. Karl war nämlich nicht nur der Kaiser, sondern auch der Richter in seinem Frankenreich. Und damit Ordung und Gerechtigkeit herrschten, hielt der Kaiser regelmäßig Gericht. Dann kamen seine Untertanen mit ihren Beschwerden und Klagen zu ihm in die Kaiserpfalz, und er fällte sein weises und gerechtes Urteil.

Zwei ganze Tage lang hatte er Streitigkeiten zwischen Nachbarn geschlichtet, Taschendieben Strafen auferlegt und betrügerische Marktweiber verurteilt. Die Gerichtstage gingen zu Ende und der letzte Kläger war gegangen.

„Sind noch Klagen vorzutragen?", rief der Kaiser laut durch den leeren Saal.

Schon wollte er sich erheben und gehen, da guckte plötzlich und unerwartet das Köpfchen einer Schlange über seinen Richtertisch. Erschrocken wich Karl vor der ungewöhnlichen Klägerin zurück. Doch dann hörte er sie ihre Klage zischeln: „Zzzzu Hilfe, großßßßer Kaisssser, mein Nesssst isssst in Gefahr!"

Die Schlange bedeutete ihm, ihr zu folgen. Sie schlängelte sich durch den Saal bis zur Tür, die Treppe hinunter bis in den Garten und über die Wiese bis zu einem Bach. Neugierig folgte ihr der Kaiser. „Das verstörte Tierchen ist in großer Sorge", dachte er bei sich.

Mit einem Mal sah er, tief im Grase versteckt, das Nest der Schlange und erkannte den Grund ihrer Besorgnis. Eine fette Kröte hatte sich auf den

Eiern niedergelassen und wollte das Nest für sich haben. Fies und feist thronte sie darauf wie eine Königin und quakte jeden, der sich näherte, böse an: „Quaak!“

Doch Karl der Große ließ sich davon nicht einschüchtern. Kurzentschlossen griff der Kaiser nach der Nesträuberin, hob die zappelnde Kröte von den Eiern und brachte sie einem seiner Kuriere. „Bring sie weit fort von hier, damit sie in meinem Reich kein Unheil mehr anrichtet und auch die Tiere hier in Frieden leben können“, befahl er.

Der Kurier tat wie ihm geheißen, stieg in den Sattel und galoppierte mit der Kröte davon.

Als Kaiser Karl am Abend mit seiner schönen Gattin Fastrada beim Essen im Speisesaal saß, hörte er plötzlich wieder ein Zischeln. Er schaute unter den Tisch. Die Schlange war zurückgekommen. Als Dankeschön für die Rettung ihres Nestes legte sie einen goldenen Ring zu seinen Füßen ab, der die Form einer Schlange hatte, mit zwei leuchtend roten Edelsteinen als Augen.

„Danke, erlauchter Kaisssser, dassss Ihr meine Kinder gerettet habt“, zischelte sie. „Nehmt diessss alssss Zzzzeichen meiner Dankbarkeit.“ Sie verneigte sich und schlängelte wieder zur Tür hinaus.

Der Kaiser staunte nicht schlecht. Eine sprechende Schlange hatte ihm soeben einen wertvollen Ring geschenkt. So etwas war selbst dem großen Karl noch nicht passiert. Erfreut hob er den Ring vom Boden auf und steckte ihn seiner geliebten Frau an den Finger.

„Welch zauberhaftes Kleinod!“, rief Fastrada verzückt und freute sich über das schöne Geschenk der Schlange. „Wie geheimnisvoll die Steine leuchten!“

Doch das geheimnisvolle Leuchten war ein Zauber, der auf dem Schlangenring lag. Er bewirkte, dass der Kaiser demjenigen, der den Ring trug, nicht mehr von der Seite weichen konnte.

So ging die Zeit ins Land, und Karl wich seiner geliebten Fastrada nicht mehr von der Seite. Er vergötterte sie und folgte ihr auf Schritt und Tritt. Selbst wenn sie wegen ihrer häufigen Zahnschmerzen mal wieder schlechte Laune hatte oder böse zu ihm war, lief er wie ein Hündchen hinter ihr her und bekundete ihr seine Liebe. Der ganze Hofstaat schüttelte amüsiert den Kopf über das seltsame Gebaren des verliebten Kaisers.

Doch eines Tages wurde die schöne Fastrada sehr krank. Tag und Nacht saß Karl an ihrem Bett und hielt ihre Hand, bis sie schließlich an ihrer schweren Krankheit starb. Er war tieftraurig und konnte es gar nicht glauben.

„Ich bleibe bei ihr, bis sie wieder aufwacht“, entschied er. Und weil er durch den Zauber des geheimnisvollen Schlangenringes seine Frau nicht verlassen konnte, blieb er weiter am Bett der Toten sitzen. Er wartete und wartete, dass sie wieder aufwachte, aber sie tat es nicht.

Den Dienern tat der trauernde Kaiser unendlich leid, und sie holten Erzbischof Turpin, einen Vertrauten Karls, damit er ihn überzeuge, seine verstorbene Frau endlich in Würde zu begraben.

Als der Erzbischof das Schlafgemach der Kaiserin betrat, fiel ihm das geheimnisvolle Leuchten an ihrem Finger ins Auge, und er fragte sich, ob Fastradas Ring mit dem merkwürdigen Verhalten des Kaisers zu tun haben könnte. Entschlossen trat er an das Bett, zog ihr den Schlangenring vom Finger und verließ den Raum. Prompt erhob sich der Kaiser und folgte ihm, wie von einer magischen Anziehungskraft angezogen. Der Fastrada-Zauber war von ihm abgefallen. Sofort ordnete Karl ein prachtvolles Begräbnis für seine verstorbene Gemahlin an.

Doch der Zauber war noch nicht vorbei. Von nun an folgte der Kaiser Erzbischof Turpin auf Schritt und Tritt, denn der hatte sich den schönen Ring an den kleinen Finger seiner rechten Hand gesteckt. Karl folgte ihm in die Messe, über den Hof, in den Kräutergarten und durch die ganze Stadt.

Schließlich wurde es sogar dem braven Erzbischof zu viel. Er musste diesen Zauberring unbedingt wieder loswerden, koste es, was es wolle. Und so ging er an den Bach hinter der Wiese, zog sich den Ring vom Finger und warf ihn in hohem Bogen hinein. Es zischte verdächtig, als das Schmuckstück im klaren Wasser des Bachs versank. Erzbischof Turpin ging zurück und war froh, dass der Zauber endlich gebannt war. Der Kaiser aber setzte sich an das Ufer des Bachs und blieb lange dort sitzen. Die Aachener befürchteten schon, er würde für immer dort bleiben.

Doch da kam ihm seine alte Freundin, die Schlange, zu Hilfe, die das Zischen des Rings im Wasser gehört hatte. Alle ihre Schlangenkinder begleiteten sie. Vielstimmig zischelnd schlängelte die Schlangenfamilie ins Wasser, tauchte auf den Grund des Bachs und holte den Ring wieder heraus. „Der Ring war mein Geschenk an Euch, großßßer Kaissser", sprach die Schlange. Nur Ihr und kein anderer ssssolltet ihn tragen."

Da erkannte Karl, dass es ein Fehler gewesen war, den Ring seiner Frau an den Finger zu stecken. Der Dank der Schlange hatte nur ihm gegolten, also war der Ring einzig und allein für ihn bestimmt. Er steckte ihn an seinen Finger und trug ihn sein Leben lang. Die Stelle am Bach wurde des Kaisers Lieblingsplatz. Die Schlangenfamilie lebte dort noch lange glücklich und zufrieden, und Karl besuchte sie, so oft er konnte.

Fastrada war die vierte Ehefrau von Karl dem Großen. Er heiratete sie, als sie 18 Jahre alt war, und sie bekamen zwei Töchter. Im Jahr 794 ist Fastrada mit nur 29 Jahren gestorben. Wer Erzbischof Turpin von Reims einmal sehen möchte, der gehe zum goldenen Karlsschrein im Chor des Doms. Darin liegen die Gebeine Karls des Großen. Auf der Frontseite des Schreins sitzt Turpin als Goldfigur links neben dem Kaiser. Die Aachener Turpinstraße, unweit des Stadtzentrums, ist nach ihm benannt.

Die seltsame Gräfin Mobesin

Vor vielen hundert Jahren stand am Aachener Hirschgraben das verwunschene Haus einer seltsamen Gräfin, von der man sich in der Stadt allerlei Merkwürdiges erzählte. Sie war die alleinige Herrin über das große Haus und wohnte dort nur in Gesellschaft ihrer räudigen Katze, der man besser aus dem Weg ging.

Das struppige Katzentier war hinterlistig und böse und bewachte das Haus wie ein scharfer Hund. Jeden, der vorbeiging, fauchte es an, bleckte die spitzen Zähne und sträubte den Schwanz. So manch einem war das Biest sogar mit seinen scharfen Krallen in den Nacken gesprungen. Die Kinder aus der Nachbarschaft hatten eine Heidenangst vor dem Vieh und machten einen Riesenbogen um das gräfliche Haus.

Obwohl jeder in der Stadt schon von ihr gehört hatte, hatte niemand die geheimnisvolle Gräfin je richtig zu Gesicht bekommen, da sie nur äußerst selten ihr Heim verließ. So konnte kein Aachener sie genau beschreiben. Es hieß, sie habe große, grüne Augen, trüge schwarze Kleider und verhülle ihr Gesicht stets mit einem schwarzen Spitzenschleier.

Geld wie Heu habe sie, wurde von nächtlichen Streifzüglern berichtet, die es gewagt hatten, im Dunkeln durch die Schlitze der Fensterläden zu spinksen. Mit eigenen Augen wollten sie gesehen haben, wie die Gräfin an ihrem Tisch Berge von glänzenden Goldstücken gezählt hatte. Sie war die stadtbekannte Unbekannte, und ganz Aachen nannte sie die Gräfin Mobesin.

Eines Tages wurde ein Handwerker zum gräflichen Haus gerufen. Das Dach war undicht geworden, und einige Ziegel mussten ausgetauscht werden. Aachens Dachdeckermeister hieß Rübesam und war ein ehrlicher und

rechtschaffener Mann. Er war neu in Aachen und wohnte erst seit ein paar Monaten in der Stadt. Der Klatsch und Tratsch, den sich die Leute über die Gräfin Mobesin erzählten, war ihm einerlei. Er gab nichts darauf, dass man behauptete, sie spräche im Garten zu ihren Kräutern, braue mysteriöse Zaubertränke und murmele in Vollmondnächten Beschwörungsformeln.

„Eine Hexe ist die Mobesin'sche", meinten seine Nachbarn. „Reitet des Nachts auf dem Besen umher, zaubert Unwetter herbei und Warzen in dein Gesicht."

„Papperlapapp, was redet ihr da? Das ist doch alles nur dummer Aberglaube!", entgegnete Meister Rübesam und schlug alle Warnungen, ihr Haus bloß nicht zu betreten, in den Wind. Im Gegenteil – jetzt war er erst recht neugierig geworden. Und schließlich musste er ja gar nicht ins Haus hinein, sondern nur aufs Dach.

So nahm der wackere Dachdecker früh am Morgen seine lange Leiter und machte sich auf den Weg zur Gräfin Mobesin. Er stieg aufs Dach hinauf und machte sich an die Arbeit. Schon bald schien die Sonne heiß auf ihn herab, während er hart arbeitete, viele alte Dachziegel mit seinem Hammer losklopfte und sie durch neue ersetzte. Als ihm vor lauter Hitze der Schweiß von der Stirn tropfte, knotete er die vier Ecken seines Taschentuchs zu Zipfeln und setzte es sich als Sonnenschutz auf den Kopf.

Schwitzend und stöhnend arbeitete er weiter.

Plötzlich hörte er hinter sich ein grausiges Miauen, und der Schreck fuhr ihm in die Glieder, dass er fast vom Dach gefallen wäre. Als er sich umdrehte, saß da das räudige Katzenvieh und starrte ihn mit seinen leuchtend grünen Augen an. Langsam kam die schwarze Bestie näher, schlich um ihn herum, schwänzelte und scharwenzelte und beäugte misstrauisch sein Tun. Dabei gab sie unheimliche Laute von sich, murrte und schnurrte, maunzte und raunzte, bis plötzlich ihre jammernde Stimme ertönte.

„Willst du dich wohl beeilen, du fauler Tunichtgut, miauuuu! So wird das Dach niemals fertig. Los, los, an die Arbeit, miauuuu!“

Rübesam erstarrte vor Schreck. Eine sprechende Katze! Träumte er, oder hatte sie soeben wirklich zu ihm gesprochen? Er zitterte am ganzen Körper und konnte vor Angst kaum weiterarbeiten.

Die unheimliche Katze folgte ihm auf Schritt und Tritt über den Dachfirst. Sie durchbohrte ihn mit ihren Blicken. Als er sich zur Mittagszeit schließlich hinsetzte und hungrig in sein Butterbrot biss, stieß sie mit einem eleganten Sprung ihre Pfote gegen seine Hand, und das Butterbrot fiel vom Dach in die Tiefe.

„Faulpelz! Was habe ich dir gesagt, miauuuu!“, zischte sie ihn an und kam mit ausgefahrenen Krallen immer näher. „Du wirst fürs Arbeiten bezahlt, nicht fürs Brot essen, miauuuu!“

Fauchend drängte sie ihn immer weiter an den Rand des Daches. Entsetzt schob er sich Stück für Stück rückwärts und kam dem Abgrund immer näher.

„Hätte ich doch bloß auf die Warnungen meiner Nachbarn gehört", seufzte er. „Die grausige Katze will mir ans Leben."

„Miauuuu!"

Genau in diesem Moment schlug das Tier mit seiner Krallenpfote zu.

„Au!"

Rübesam schrie auf, taumelte nach hinten und konnte sich gerade noch auf dem Dach halten. Das war zuviel des Guten! Wütend ergriff er seinen Hammer, holte aus und schlug der fiesen Katze damit so fest auf die Pfote, dass drei ihrer Krallen abbrachen.

Ein schrilles Jaulen ertönte, und im nächsten Moment war das Biest verschwunden. Ängstlich schaute Rübesam sich nach ihr um. Plötzlich war ihm, als höre er anstelle des maunzenden Katzenjammers das wimmernde Geheul einer Frau von unten aus dem Haus.

„Hexenspuk!", schrie der Dachdecker zu Tode erschreckt und bekreuzigte sich. An diesem gruseligen Ort wollte er keine Minute länger bleiben. Rasch packte er sein Werkzeug und kletterte, so schnell er konnte, die Leiter herunter, um schleunigst das Weite zu suchen.

Sicherheitshalber blickte er noch einmal zum Haus zurück, ob das Biest ihm auf den Fersen war, und da sah er am Fenster die Gräfin Mobesin in ihrem schwarzen Kleid stehen. Sie hatte die Hand erhoben, als wolle sie ihm zum Abschied zuwinken. Entsetzt erkannte er, dass an ihrer Hand drei Finger fehlten, genauso viele, wie er der räudigen Katze Krallen abgeschlagen hatte.

Vom Grauen gepackt, rannte Rübesam zum Gartentor, doch plötzlich stand die Mobesin'sche direkt vor ihm. „Wohin des Weges, Meister Rübesam?", erkundigte sie sich freundlich. „Ist Euch zu heiß dort oben auf dem Dach, oder hat meine freche Katze Euch zu sehr geärgert? Kommt und ruht Euch ein wenig im Schatten aus."

Rübesam wurde schwindelig, er zitterte und fiel vor Angst fast in Ohnmacht. Sanft nahm die Gräfin den widerstrebenden Dachdecker beim Arm und führte ihn zum Gartentisch. Als er sich gesetzt hatte, reichte sie ihm ein großes Glas frisches Wasser. Verwundert erkannte Rübesam, dass ihre Hände unversehrt waren, und er verstand die Welt nicht mehr. Alle zehn Finger waren da.

Vorsichtig schaute er zum Fenster hinüber, und da überkam ihn ein solcher Lachanfall, dass er nur noch losprusten konnte und die Wassertropfen über den ganzen Tisch spritzten. Vor dem Fenster stand eine Vogelscheuche im Blumenbeet. Sie trug ein altes Kleid der Gräfin und einen schwarzen

Spitzenschleier. An ihrer hölzernen Vogelscheuchenhand fehlten drei Finger. Meister Rübesam hatte auf dem Dach einen derartigen Sonnenstich bekommen, dass er Katzen sprechen gehört und Vogelscheuchen mit Gräfinnen verwechselt hatte. Kichernd erzählte er der belustigten Gräfin von seinen Hirngespinsten und entschuldigte sich für seine Verdächtigungen.

Von da an wurde Meister Rübesam ein gern gesehener Gast im gräflichen Hause. Obwohl ihre Krallen bald nachwuchsen, blieb die Katze mürrisch wie eh und je und piesackte weiter die Nachbarschaft. Doch die Gerüchte über die Gräfin Mobesin verstummten ein für alle Mal.

Leider fand die echte ‚Gräfin Mobesin' kein so glückliches Ende wie in dieser Geschichte. Sie hat wirklich gelebt und hieß Katharina von Thenen, geborene Maubach, woher der Name ‚Mobesin' stammt.
Im Jahr 1630 wurde sie als Hexe verurteilt und auf dem Scheiterhaufen verbrannt. In Aachen gab es mindestens sechs Frauen, die dieses Schicksal teilten. Man hat sie verurteilt, im Verlies des Grashauses eingekerkert und hingerichtet. Hexenverbrennungen gehören zu den größten Ungerechtigkeiten der Geschichte. Dabei gibt es Hexen nur in Büchern, Geschichten und in unserer Phantasie.
Das Grashaus, ehemaliges Gericht und Kerker, gehört zu den ältesten Häusern in Aachen. Es war nach seiner Vollendung im Jahr 1267 das erste Rathaus der Stadt. Der Name Grashaus stammt von der Wiese, auf der es damals stand. Es steht heute noch am Fischmarkt und ist Station ‚Europa' des Stadtrundgangs ‚Route Charlemagne'.

Schach dem Kaiser

Es war einmal eine wunderschöne Prinzessin. Mathilde war ihr Name. Sie war die Schwester des jungen Kaisers Otto des Dritten, der in Aachen residierte und wegen der atemberaubenden Schönheit seiner Schwester alle Hände voll zu tun hatte. Die schöne Mathilde hatte nämlich einen ganzen Stall voller glühender Verehrer, und das war kein Wunder. Sie hatte seidiges, goldblondes Haar, das lang über ihren Rücken fiel, und himmelblaue, strahlende Augen, mit denen sie sämtliche Ritter in der ganzen Gegend bezauberte.

Ständig scharwenzelten Jünglinge um die schöne Mathilde herum oder standen singend unter ihrem Fenster. Viele sprachen beim Kaiser vor und hielten um die Hand seiner Schwester an, doch keiner von ihnen war gut genug für die schöne Mathilde, fand Otto.

„Mindestens der Sohn eines Königs muss es sein, oder sogar eines Kaisers!", wetterte er und jagte die verliebten Ritter, Grafen, Fürsten und Herzöge aus seinem Palast.

Eines Tages war er es endgültig leid. „Mein liebes Mathildchen", eröffnete er seiner Schwester. „Kein Kandidat ist es wert, dein Ehemann zu werden. Also habe ich beschlossen, dass du niemals heiraten wirst, sondern stattdessen zu unserer Tante ins Kloster ziehst, um ihre Nachfolgerin als Klostervorsteherin zu werden."

So kam es, dass die schöne Mathilde mit Sack und Pack ins Frauenkloster nach Essen übersiedelte, wo sie das hohe Amt der Äbtissin erlernen sollte.

Endlich herrschte Ruhe im Aachener Palast, und der Kaiser fand wieder Zeit, sich an sein Schachspiel zu setzen, das er leidenschaftlich gern spielte und meisterhaft beherrschte. Kein Schachspieler im ganzen Reich konnte ihn besiegen, und darauf war Kaiser Otto mächtig stolz. Mathilde indes wurde eifrige Klosterschülerin im fernen Essen, obwohl es schon ein bisschen langweilig war, so ganz ohne die vielen Verehrer, die sie immer umschwirrt hatten. Bis eines Tages Pfalzgraf Ezzo von Lothringen im Kloster vorstellig wurde.

Der Pfalzgraf war zu Pferde unterwegs und hatte nur eine kurze Rast einlegen wollen, um zum Gebet in die Klosterkirche zu gehen. Doch als er die schöne Prinzessin erblickte, da war's um ihn geschehen, und er entbrannte in unsterblicher Liebe zu ihr.

Ezzo war ein Mann in den besten Jahren, von schlanker Gestalt, und sein schulterlanges Haar war so haselnussbraun wie seine Augen, die immer fröhlich dreinblickten. Von nun an kam der Pfalzgraf jeden Nachmittag ins Kloster. Nach seinem Gebet spazierten die beiden gemeinsam durch den Klostergarten, erzählten und lachten miteinander. Und so geschah es, dass die schöne Mathilde sich zum allerersten Mal verliebte.

‚Unsere Liebe ist aussichtslos!', dachte Ezzo verzweifelt. „Nie wird sie die Meine werden. Selbst wenn sie keine Äbtissin wird, bin ich nicht gut genug. Ich bin eben nur ein Pfalzgraf und kein Königssohn", seufzte er und betete Tag für Tag, dass ein Wunder geschehe.

Eines schönen Tages flatterte dem Pfalzgrafen eine Einladung an die Aachener Kaiserpfalz ins Haus. Kaiser Otto gab ein großes Fest. Ezzo schwang sich auf sein Pferd und machte sich auf den Weg.

Nach langem Ritt traf er schließlich in Aachen ein. Alle Großen des Reiches waren dort versammelt. Es wurde gespeist, getrunken, getanzt und gelacht, doch Ezzo war in Gedanken nur bei seiner geliebten Mathilde und konnte die Feier nicht genießen. Kaiser Otto, der große Stücke auf Ezzo und seine Schachkünste hielt, versuchte ihn aufzumuntern: „Wie wäre es mit einer Partie Schach, lieber Freund? Wir haben lang nicht mehr gespielt."

Als sie einander am Schachbrett gegenübersaßen, wurde der Kaiser übermütig und forderte den Pfalzgrafen heraus: „Derjenige, der drei Partien hintereinander gewinnt", sagte er, „bekommt vom anderen einen Wunsch erfüllt."

Da witterte Ezzo seine einmalige Chance, Mathilde doch noch zur Frau zu bekommen, und fragte schelmisch: „Egal, welcher Wunsch das ist?"

„Ganz egal!", antwortete Otto siegessicher und eröffnete das Spiel mit einem Bauern.

So ging es Zug um Zug. ‚Ich muss einfach gewinnen. Koste es, was es wolle', dachte Ezzo und setzte alle Strategien ein, die er jemals gelernt hatte. Schließlich ging es hier um sein Lebensglück! Rasch gewann er das erste Spiel. „Schachmatt!", rief er dem verblüfften Kaiser entgegen.

Das zweite meisterte er mit ähnlicher Bravour, konnte aber nur einen knappen Sieg erringen.

Dann folgte das dritte, alles entscheidende Spiel. Jetzt ging es um die Wurst. Die Kontrahenten sahen sich über das karierte Brett hinweg tief in die Augen und zogen ihre Figuren von Schwarz nach Weiß und von Weiß nach Schwarz.

Der Kaiser konzentrierte sich. Die Schmach einer dritten Niederlage wollte er niemals über sich ergehen lassen: „Schach!“, sagte er, als seine Dame Ezzos König bedrohte.

„Und Schachmatt!“, konterte der Pfalzgraf triumphierend und schlug Ottos König in letzter Sekunde mit einem geschickten Zug. Es war unglaublich, aber wahr: Der Kaiser hatte verloren.

Fassungslos verbarg Otto das Gesicht in seinen Händen. Das konnte doch nicht wahr sein! Schließlich räusperte er sich. „Kompliment für Euer Spiel, werter Ezzo“, sprach der unterlegene Herrscher. „Euch muss ein sehr inniger Wunsch angetrieben haben, denn Ihr habt mich dreimal hintereinander besiegt. Das ist noch niemandem gelungen. Wie lautet nun Euer Wunsch?“

Da stand der Pfalzgraf auf und verbeugte sich vor dem Kaiser. Er nahm all seinen Mut zusammen und sprach mit fester Stimme: „Gebt mir Eure Schwester Mathilde zur Frau, das ist mein sehnlichster Wunsch. Wir lieben uns."

Kaiser Otto fiel vor Überraschung fast von seinem Thron. Als er sich von dem Schreck wieder erholt hatte, erhob er sich mit den Worten: „Pfalzgraf, ich bin ein Kaiser und stehe zu meinem Wort. Euer Wunsch soll Euch erfüllt werden." Dann fügte er schmunzelnd hinzu: „Wie es scheint, bekommt meine Schwester nicht nur einen hervorragenden Schachspieler, sondern auch einen ausgesprochenen Schlaumeier zum Mann."

Bald schon erklangen die Hochzeitsglocken vom Turm des Aachener Domes. Mathilde und Ezzo reichten einander die Hände und strahlten vor Glück. Auch Kaiser Otto freute sich über das glückliche Paar. Sein Schwager war zwar kein Königssohn, aber immerhin waren die beiden besten Schachspieler des Reiches nun miteinander verwandt.

Kaiser Otto der Dritte hatte nur ein kurzes Leben. Er wurde im Jahr 980 geboren und schon als Dreijähriger zum König gekrönt. Mit 16 Jahren ist er Kaiser geworden. Im Jahr 1002 ist er mit nur 22 Jahren gestorben. Sein Grab befindet sich in der Krypta des Aachener Domes, dem Raum unterhalb der Kirche, in dem auch Bischöfe bestattet sind.

Die zur damaligen Zeit unübliche Ehe der noblen Kaiserschwester Mathilde und des einfachen Pfalzgrafen Ezzo von Lothringen hat im Reich tatsächlich für Aufregung gesorgt, obwohl Mathildes Mutter, die Kaiserin Theophanu, ihre Zustimmung gegeben hatte. Mathilde und Ezzo aber waren glücklich und bekamen zehn Kinder.

Der Wind an Sankt Foillan

Gevatter Wind – das ist die Lösung!", rief der Teufel hocherfreut und rieb sich gierig seine Krallenhände.

„Verflixt! Warum bin ich nicht eher darauf gekommen? Schon zweimal haben mir diese gewieften Aachener meinen Plan vereitelt, doch nun ist der Tag der Abrechnung gekommen, haha! Einen gewaltigen Sturm werde ich heraufbeschwören, und der soll dieses vermaledeite Städtchen und seine Bewohner ein für alle Mal von der Erdoberfläche fegen!"

So machte sich der finstere Höllenfürst auf zu einem entfernten Verwandten, der in der nahe gelegenen Eifel sein Unwesen trieb und sich mit Stürmen bestens auskannte: Gevatter Wind.

Er fand den windigen Gesellen bei der Arbeit. Beeindruckt sah der Teufel ihm zu, wie er eine ganze Ebene verwüstete. „Wuhuuusch...", so pfiff, heulte und toste er über das Eifeler Land, knickte Bäume um, riss Dachschindeln von den Häusern und blies den Bauern die Mützen vom Kopf.

Offensichtlich hatte Gevatter Wind einen Heidenspaß bei seinen Streichen und fühlte sich in seiner idyllischen Eifel pudelwohl. Wie um alles in der Welt sollte der Teufel ihn bloß nach Aachen locken, wo es lauter Hindernisse wie Häuser und Kirchtürme gab? Da konnte einem waschechten Wind das Stürmen doch gar keinen Spaß machen. Kein Vergleich zu der Weite des Eifeler Landes, wo er sich nach Herzenslust austoben konnte. Luzifer brauchte eine gute Idee.

„Heh, Gevatter Wind!", rief er durch die wilden Lüfte, und sogleich fühlte er sich, als stünde er mitten in einem Wirbelsturm. Gevatter Wind zauste an seinem zottigen Fell und ließ seinen Schwanz in die Höhe flattern.

„Komm mit mir nach Aachen. Ich zeige dir den einzigartigen Aachener Dom. Du darfst nach Lust und Laune darin herumstürmen, alle Kerzen ausblasen und die Priester in ihren Gewändern durch den Dom segeln lassen. Die Aachener werden verdammt große Angst vor dir haben." So lautete das verlockende Versprechen des Teufels.

Gevatter Wind überlegte nicht lange. ‚Aachen, das wäre in der Tat eine willkommene Abwechslung', dachte er bei sich. ‚Eigentlich könnte ich auch mal Urlaub machen. Immer nur dieselbe gute, alte Eifel – ein bisschen langweilig ist das auf die Dauer schon... Einen Tapetenwechsel könnte ich wirklich vertragen!'

„Guhuuut", rauschte er und blies dem Krippekratz dabei einmal gründlich durch beide Ohren. „Ich kohooomme mihiiit."

Und mit einem gewaltigen Windstoß pustete Gevatter Wind die beiden nach Aachen. So schnell, dass der Teufel in der Luft Purzelbäume schlug und ihm ganz schwindlig wurde auf der stürmischen Reise.

In Aachen angekommen, blies der Wind sich und seinen üblen Verwandten in Richtung Dom. Er war neugierig geworden, welche Schätze er in seinem Innern vorfinden würde und umblasen könnte.

Da plötzlich zischte der Teufel: „Los, stürm die Stadt nieder! Lass keinen Stein mehr auf dem anderen stehen! Dieser Ort des Elends soll endgültig von der Bildfläche verschwinden, damit die niederträchtigen Aachener keinen Schaden mehr anrichten können!"

„Bist du verrückt?", raunte Gevatter Wind zurück. „Wenn ich die Stadt wegblase, wie soll ich mir denn dann noch den Dom ansehen, du Schlaumeier?"

Und so rauschten sie weiter bis zu Sankt Foillan, der Kirche, die ganz nah am Aachener Dom steht.

„Warte hier an der Ecke auf mich", forderte Beelzebub den Wind auf, als sie fast am Dom angekommen waren. „Ich will schnell hineingehen und nachsehen, ob die Luft rein ist. Nur Geduld, mein Freund, in ein paar Minuten hole ich dich, und dann kannst du die Pracht von innen bestaunen."

Dann verschwand er im Dom und ließ den ahnungslosen Gevatter Wind pfeifend und stürmend an Sankt Foillan zurück.

Während er wartete, vertrieb sich Gevatter Wind die Zeit damit, sämtliche Blätter von den umliegenden Bäumen zu wehen und Vogelnester aus Dachrinnen purzeln zu lassen. Außerdem übte er seine neue Um-die-Ecke-Blas-Technik und richtete in Kaiser Karls Kräutergarten ein heilloses Durcheinander an.

Als schließlich die Glocken zur Messe läuteten, ließ er die Umhänge der frommen Aachener durch die Luft fliegen und wirbelte lustlos ein paar Kopftücher über den Münsterplatz.

Langsam wurde es dunkel. Die Messe musste bereits in vollem Gange sein. Gevatter Wind war es langweilig.

„Wann kommt Luzifer, dieser alte Stinkstiefel, nur endlich zurück?“, fragte er sich. „Während der Heiligen Messe wird er sich doch wohl kaum noch im Dom aufhalten wollen. Na warte, wenn du Höllenmonster dich blicken lässt...“, grollte er und pustete ein paar krächzende Raben aus ihrer Flugbahn, „...dann werde ich dir einen so stürmischen Empfang bereiten, dass du ihn dein Lebtag nicht mehr vergisst. Eher werde ich diesen Ort nicht verlassen. Das schwöre ich dir beim Feuer, das in deiner verfluchten Hölle lodert!"

So wartete Gevatter Wind weiter wütend auf den Teufel, wartete und windete, wartete und windete, wartete und windete. Und so wartet und windet er dort bis heute, denn der Teufel ließ sich nie wieder blicken. Endlich war sein Plan aufgegangen, und er hatte es den Aachenern heimgezahlt. Zumindest mit einer klitzekleinen Rache – mit dem ewigen Wind an Sankt Foillan.

Zwischen Sankt Foillan und dem Aachener Dom weht fast immer ein strenger Wind. Allerdings ist das ganz natürlich und kommt nicht nur in Aachen vor. An hohen und nah beieinanderstehenden Gebäuden oder Türmen erlebt man oft turbulente Windströmungen. Der Wind muss sich rund um den Dom durch schmale Gassen zwängen, was heftige Windböen zur Folge hat. Außerdem steigt die warme Luft von unten nach oben und wird durch neue ausgetauscht, wodurch weitere Luftverwirbelungen entstehen. Probiert es einmal aus. Auf dem Münsterplatz zwischen Sankt Foillan und dem Dom könnt ihr dem wartenden und wütenden Gevatter Wind heute immer noch begegnen.

Der tollpatschige Hühnerdieb

In der Aachener Krämerstraße lebte einst ein Tollpatsch. Alles, was er anpackte, misslang. Was immer er auch tat, ging schief. Er hatte einfach zwei linke Hände, konnte nichts, interessierte sich für nichts und war immer mit den Gedanken woanders. Wenn er die Ställe der Bauern ausmistete, waren sie hinterher schmutziger als zuvor. Goss er die Blumen im Garten der Bürgermeistersfrau, verwelkten sie anstatt zu blühen. So war der arme Tropf wirklich zu nichts zu gebrauchen.

Er versuchte sich als Laufbursche und eilte mit Waren bepackt durch die Aachener Gassen. Und prompt bekamen alle genau das, was sie nicht bestellt hatten. Der Bäcker bekam die Nägel, die der Schuster haben wollte, der Schneider eine große Fuhre Mehl, der Metzger eine Ladung Hufeisen, und der Zimmermann fein gewebte Seidenstoffe. Alle lachten über den stadtbekannten Tölpel. Es war wie verhext. Nichts, aber auch gar nichts wollte ihm gelingen. Selbst zum Faulenzen war er zu tollpatschig, und sogar im Schlaf fiel er immer wieder aus seinem Bett.

Und weil der Nichtsnutz eben zu nichts nutze war, schmiedete er eines Tages einen tollkühnen Plan: „Ich werde einfach Dieb von Beruf. So kann ich mir die tollsten Dinge stehlen und werde ein reicher Mann!“ Und schon war seine Zukunft beschlossene Sache.

Doch selbst das Stehlen lag ihm nicht, denn dafür brauchte man Geschick und Fingerfertigkeit, und all das fehlte unserem Taugenichts. Dabei wollte er doch am liebsten Hühnerdieb werden. „Wenn man Hühner klaut“, dachte sich der Tollpatsch, „hat man immer genug Eier im Haus und muss nie Hunger leiden. Ich schleiche mich einfach von hinten an die Stände auf dem Hühnermarkt heran, öffne die Tür eines Hühnerkäfigs, greife hinein, packe mir ein Huhn und stecke es schnell in meinen Korb, bevor die Marktfrauen

es merken. Dann spaziere ich pfeifend und unschuldig von dannen, als hätte ich das Huhn soeben gekauft. So einfach ist das!“ Der Tollpatsch war ausgesprochen überzeugt von seinem Plan: „Hühnerdieb werden ist doch ein Kinderspiel!“

Doch leider sollte ihm seine neue Arbeit kein Glück bescheren. Entweder gackerten die Hühner so laut, dass die Marktfrauen ihn bemerkten und wegjagten, oder die Hühner pickten ihm mit ihren Schnäbeln heftig in die Hand und kratzten ihn mit ihren Krallen. Oder sie sprangen mit entrüstetem „Pock, pock, pooock“ wieder aus dem Korb heraus und liefen laut flatternd und zeternd über den Marktplatz. Seine Hände waren übersät mit roten Striemen und schorfigen Wunden von den Hühnerattacken. Sein Korb war voller Federn und troff von den zerbrochenen Eiern, die die panisch flüchtenden Hühner vor Angst gelegt hatten. „So wird das nichts“, dachte der Tollpatsch seufzend. „Ich habe einfach kein Talent zum Hühnerdieb.“

Eines schönen Tages jedoch sollte das Glück ihm hold sein. Eine Marktfrau war an ihrem Stand fest eingeschlafen. Leise öffnete der Tollpatsch die Tür des Hühnerkäfigs, griff hinein, stahl ein großes Huhn und verstaute es blitzschnell in seinem Korb. Es war sogar ein besonders schönes Exemplar, fand er. Rotbraun, schwarz und orange schimmerte sein Gefieder, und es hatte einen leuchtend roten Kamm. Der Tollpatsch schaute sich vorsichtig um, ob ihn auch niemand bemerkt hatte. Dann spazierte er pfeifend davon. Das Huhn schaute sich interessiert die Gegend an und gab keinen Mucks von sich. Doch plötzlich, genau in dem Moment als er den Marktplatz verlassen wollte, reckte das Huhn sein Köpfchen in die Höhe, sperrte den Schnabel weit auf und stieß ein ohrenbetäubendes „KIKERIKI“ aus.

„KIKERIKI, KIKERIKI, KIKERIKIII!", schallte es über den Hühnermarkt.

Das Markttreiben verstummte mit einem Schlag. Alles schaute verdutzt auf den Hühnerdieb. Der schaute seinerseits verdutzt auf sein Huhn, das gar kein Huhn war. Der stadtbekannte Tollpatsch hatte einen Hahn im Korb. „Ach, du dickes Ei!", sagte er und schaute fassungslos auf das laut krähende Federvieh. „Da habe ich mich aber gehörig vertan." Und dann musste er über seine eigene Dummheit lachen, immer lauter und lauter, bis er alle Marktfrauen angesteckt hatte und der ganze Hühnermarkt nur noch ein einziges, gackerndes Gelächter war.

Der Tollpatsch streichelte dem Hahn über das stolze Köpfchen, brachte ihn der Marktfrau zurück und entschuldigte sich für sein Vergehen. Nie mehr in seinem Leben wollte er versuchen, etwas zu stehlen. Das war dem Tollpatsch ein für alle Mal vergangen! Und weil alle so herzlich über ihn gelacht hatten, beschloss er Gaukler zu werden und ganz Aachen mit seinen tollpatschigen Späßen zu unterhalten. Denn das war sein einziges wahres Talent. So wurde der arme Tollpatsch zum beliebtesten Gaukler der Stadt, und die Aachener freuten sich immer, wenn sie ihn sahen.

Der ‚Hühnerdieb' steht als Bronzefigur am Aachener Hühnermarkt und ist dort erstmalig 1913 als Brunnendenkmal aufgestellt worden. Hier plätschert das Wasser aus den Schnäbeln kleiner Metallküken in ein achteckiges Becken. Auf der Säule in der Mitte könnt ihr euch den überraschten Hühnerdieb anschauen, als der Hahn ihn mit seinem lauten Krähen verrät, und er erstaunt feststellt, dass er gar kein Huhn gestohlen hat. Wie der Name des Platzes verrät, sind auf dem Aachener Hühnermarkt früher Hühner verkauft worden.

Der Märchenprinz

Im Jahre 811 war Karl der Große 63 Jahre alt und für seine Zeit schon ein ziemlich alter Mann geworden. Er saß in seiner Kaiserpfalz auf seinem Thron und machte sich Sorgen, wie sein riesengroßes Reich und all seine Habe nach seinem Tod aufgeteilt werden sollten. Nach langer Überlegung entschied er, seine Besitztümer in drei Teile zu teilen. Zwei davon sollten an die Kirchen seines Landes und die Armen gehen. Den

dritten Teil jedoch sollte seine Familie erben. Drei seiner Söhne sollten die Haupterben sein: Der fromme Ludwig, der strebsame Pippin und der lebenslustige Lothar, der Jüngste der drei. Doch sollten sich die Jungen ihre Anteile erst verdienen, entschied ihr Vater. Und dazu hatte sich Kaiser Karl etwas ganz Besonderes ausgedacht: Eine Apfelprobe.

Er versammelte seine drei Söhne um sich, hielt einen dicken, rotbackigen Apfel in die Höhe und sprach: „Meine geliebten Söhne, jeder von euch möge einmal in diesen leckeren Apfel beißen. Die Größe des herausgebissenen Apfelstückes wird bestimmen, wie viel von meinem Reich jeder von euch erben wird."

Der fromme Ludwig nahm den Apfel, riss seinen Mund so weit auf wie er konnte und biss ein ansehnliches Stück aus dem Apfel heraus. Der strebsame Pippin tat es ihm gleich. Sein Stück war fast so groß wie das seines großen Bruders. Zum Schluss war des Kaisers jüngster Sohn an der Reihe, der lebenslustige Lothar.

Doch der kleine Kerl dachte gar nicht daran, in den Apfel zu beißen. Er lachte seinen Vater strahlend an und schüttelte entschieden den Kopf. „Los, Lothar, beiß schon hinein!", forderten seine Brüder ihn ungeduldig auf. „Sei nicht dumm, sonst gehst du leer aus."

Doch Lothar weigerte sich. Er legte den Apfel zur Seite, drehte sich zu seinem Vater und sagte mit fester Stimme: „Danke, werter Vater, für Euer großzügiges Angebot, die Herrschaft über einen Teil Eures wunderbaren Reiches zu erben. Glaubt mir, ich weiß es sehr zu schätzen. Doch seid mir nicht böse, wenn ich ablehne. Kein Apfel soll über die Größe meines Reiches bestimmen, sondern die Fröhlichkeit in den Herzen meiner Untertanen. Ich wünsche mir ein Reich, in dem alle glücklich und sorglos sein können. Dafür will ich ganz allein und ohne Eure Hilfe Sorge tragen. Ich werde mich aufmachen, mein eigenes, fröhliches Reich zu finden, und sei es auch noch so klein."

Er umarmte seinen verblüfften Vater herzlich und verabschiedete sich von seinen noch verblüffteren Brüdern. Dann setzte er seine Kappe mit den langen Fasanenfedern auf, warf sich seinen Umhang um die Schultern und verließ die Kaiserpfalz. So zog er hinaus in die große, weite Welt. Und obwohl er noch ein Junge war, baute er sich sein eigenes Reich auf, mit seinem eigenen Hofstaat. Ein Reich des Lachens und der Fröhlichkeit, voll Musik und Tanz, so märchenhaft, dass es die Zeiten überdauerte.

Und der glückliche Junge, der in diesem märchenhaften Reich regierte, wurde von da an nur noch ‚Märchenprinz' genannt.

Der ‚Märchenprinz' hat als Prinz des Aachener Kinderkarnevals tatsächlich die Zeiten überdauert. Seit 1951 regiert er jedes Jahr den Aachener Kinderkarneval. Er ist der kleine Bruder ‚Seiner Tollität Prinz Karneval von Aachen', hat seinen eigenen Hofstaat, seine eigene Prinzengarde und ein eigenes Tanzpaar. Gute Freunde hat er auch. Sie heißen Anton und Miez und sind die Symbolfiguren des Aachener Kinderkarnevals, kurz AKIKA genannt. Spätestens beim Aachener Kinderkostümzug am Tulpensonntag durch die Aachener Innenstadt könnt ihr den Märchenprinzen kennenlernen. Oche Alaaf!

Die Printensage

Karlchen war ein Bäckerjunge, und er liebte sein Handwerk über alles. Wie konnte es auch anders sein? Schließlich hatten seine Eltern ihn nach dem großen Kaiser Karl benannt, der bekannterweise sein Leben lang eine Schwäche für gute Backwaren hatte und sogar ein Rezept für eine ganz besondere Leckerei mit in sein Grab nahm.

Karlchen war ein pfiffiges Kerlchen. Tag für Tag lief er mit dem schweren Korb voller Brote, Brezeln und Kuchen von Haus zu Haus und lieferte die Köstlichkeiten seines Meisters an die Aachener aus. Er war Lehrling des Bäckermeisters Maw aus der Jakobstraße, der stadtbekannt war für seine köstlichen Backrezepte. Es hieß, er backe das beste Brot in ganz Aachen.

Meist stand Karlchen in aller Frühe auf und machte sich auf den Weg in die Stadt, um rechtzeitig in der Backstube zu sein, den Ofen anzufeuern und den Teig zu kneten. Karlchen war also nicht nur ein pfiffiger, sondern auch ein ziemlich fleißiger Junge.

Eines Morgens geschah in Aachen ein großes Unglück. Als Karlchen sich der Stadt näherte, loderten Flammen hinter den Stadtmauern. Bei Bäcker Maw war ein Brand ausgebrochen. Schnell hatten die Nachbarhäuser Feuer gefangen, und nun brannte die ganze Stadt lichterloh.

Es war eine furchtbare Feuersbrunst. Oh weh, da rannte Karlchen so schnell er konnte zur Bäckerei, wo der weinende Bäckermeister erschüttert vor seiner brennenden Backstube stand.

Erst einen ganzen Tag später war das Feuer endgültig gelöscht. Rauchschwaden stiegen von den verkohlten Ruinen auf, und überall saßen traurige Menschen in Grüppchen zusammen und dachten darüber nach, wie sie ihre zerstörte Stadt jemals wieder aufbauen sollten. Es war eine Katastrophe: Aachen lag in Schutt und Asche. Nur der Dom, das Rathaus und ein paar andere Steinbauten waren unversehrt geblieben.

Einer jedoch freute sich über den Stadtbrand. Der Teufel, ihr alter Gegenspieler, den die schlauen Aachener immer wieder überlistet hatten, lief jauchzend zwischen den qualmenden Trümmern umher, rieb sich die Hände und machte Luftsprünge vor Freude.

„Juhu, endlich haben die Aachener ihre gerechte Strafe bekommen!", freute er sich. Amüsiert beobachtete er, wie die Handwerker zusammensaßen und verzweifelt nach einer Lösung suchten. Jede Zunft wollte beim Wiederaufbau ihrer geliebten Stadt helfen. Maurer, Zimmermänner und Schmiede wurden dabei sicherlich am dringendsten gebraucht.

Die Bäcker aber wollten unbedingt einen entscheidenden Beitrag leisten. Immerhin war eine Bäckerei die Ursache für den Stadtbrand gewesen. Stundenlang überlegten sie, womit sie Geld für den Wiederaufbau verdienen konnten.

„Ich hab's!", rief Karlchens Lehrmeister plötzlich. „Wir backen ein ganz neues, edles Aachener Backwerk. So fein und köstlich im Geschmack, dass es im ganzen Lande gekauft wird." Alle jubelten ihm zu, doch fragten sie sich, was das wohl für eine wunderbare Spezialität sein sollte. Und wer von ihnen besaß schon ein so edles Rezept?

Da hatte Karlchen die rettende Idee. Er erhob sich: „Ihr Bäcker von Aachen", sprach er mutig in die Runde. „Kann es ein edleres Backwerk geben als jenes, das so wertvoll war, dass Kaiser Karl es mit in sein Grab genommen hat? Es heißt, sein Gesandter Isaak habe es einst als eines der vielen Geschenke des Kalifen Harun al-Raschid von seiner Reise nach Bagdad mitgebracht. Ein süßes und äußerst schmackhaftes Gebäck soll es gewesen sein, mit allerlei exotischen Gewürzen, sehr nahrhaft und lange haltbar."

Die Bäcker sahen einander an. Das war die Lösung! Der Junge hatte recht, befanden sie einstimmig. Nun galt es nur noch, das Grab Karls des Großen zu finden. Doch niemand wusste, wo er begraben lag.

Die Bäcker grübelten und grübelten. Schließlich erhoben sie sich nach und nach, und jeder von ihnen machte sich auf in einen anderen Teil der Stadt, um nach dem Kaisergrab zu suchen. Doch so sehr sie sich auch bemühten, das Grab des großen Kaisers blieb unauffindbar.

Listig, wie er nun einmal war, hatte der Teufel das Treffen der Bäcker heimlich belauscht, und als sie müde und enttäuscht von ihrer vergeblichen Suche zurückkehrten, erschien er plötzlich wie aus dem Nichts in ihrer Mitte. Mit einem siegessicheren Lächeln unterbreitete Luzifer den Bäckern sein Angebot: „Ich weiß, wo Karl der Große begraben liegt, und zeige euch die Stelle gern. Allerdings nur, wenn ich dafür den Schlüssel zur Domschatzkammer bekomme." Mit hämischem Gelächter verschwand er so schnell wie er gekommen war.

Die Bäcker waren wie vom Donner gerührt und gingen zum Rathaus, wo sie den ungeheuerlichen Vorschlag des Teufels den Ratsherren vortrugen. Diese jedoch ließen sich davon nicht aus der Ruhe bringen. Seit Jahren waren sie an derlei Tücken des Höllenfürsten gewöhnt. Immer wieder hatte er versucht, ihnen ein Schnippchen zu schlagen, und immer hatten sie sich gegen ihn behauptet.

„Sagt ihm ruhig, er bekommt den Schlüssel, wenn er euch verrät, wo das Grab zu finden ist. Wir lassen uns inzwischen etwas einfallen. Unseren Domschatz bekommt der fiese Krippekratz nie und nimmer!" So lautete die Entscheidung des weisen Rates der Stadt.

Am nächsten Morgen erschien der Teufel wieder bei den Bäckern. Als sie versprachen, ihm den Schlüssel zu besorgen, führte er Karlchen in den Vorraum des Domes und zeigte ihm eine in einer Nische versteckte Tür, hinter der eine Treppe in die Tiefe führte.

„Geh hinunter und drücke auf das Kreuz, dann öffnet sich die Grabkammer", zischte der Teufel, und so stieg der mutige Bäckerjunge die Treppe hinab und gelangte in einen modrigen Kellerraum.

Auf einer steinernen Wandplatte stand in verwitterten Buchstaben ‚Carolus Magnus †'. Mit klopfendem Herzen drückte Karlchen auf das Kreuz. Knarrend gab die Platte nach, und die Grabkammer öffnete sich.

Karlchen erstarrte vor Schreck. Er konnte kaum glauben, was er da sah. In der Grabkammer saß Karl der Große auf einem Thron und sah aus wie lebendig. Ein Lächeln lag auf seinen wächsernen Lippen, seine Nasenspitze war aus purem Gold, und in seiner Hand hielt er eine Pergamentrolle.

„Das muss das Rezept sein", dachte Karlchen und zog sie vorsichtig aus der Hand des Kaisers. Dann verneigte er sich vor seinem Namensvetter. „Habt Dank, werter Kaiser, und verzeiht meinen Frevel. Eure Gabe wird Euer geliebtes Aachen vor dem Untergang retten." Dann verließ er den Raum, und die Platte schloss sich wieder.

So schnell er konnte, lief Karlchen zu den Bäckern zurück. Sie jubelten vor Freude über das Rezept. Mit einiger Mühe besorgten sie die nötigen Zutaten und backten tagelang nach des Kaisers Rezept die köstlichste Leckerei, die sie jemals gegessen hatten. Jeder wollte sie kosten, und so verkauften sie das Backwerk, das sie ‚Printen' nannten, im ganzen Land und verdienten viel Geld für den Wiederaufbau ihrer Heimatstadt.

Doch es kam, wie es kommen musste. Eines Tages stand der Teufel in der neu errichteten Backstube des Bäckermeisters Maw und forderte seine Belohnung – den Schlüssel zur Domschatzkammer.

„Ganz wie Ihr wollt, erlauchter Höllenfürst", sprach Karlchen ängstlich. „Doch zuvor müsst Ihr unsere leckeren Printen kosten."

Er bot ihm frisch gebackene Printen an, die ganz exquisit dufteten. Gierig verschlang der Teufel mehrere hundert Stück von der köstlichen Speise und konnte gar nicht genug davon bekommen, so gut schmeckte es ihm. Etwas Besseres hatte er noch nie gegessen.

Plötzlich aber hielt er inne. Ein schrecklicher Bauchschmerz befiel ihn, und es rumpelte in seinem Magen. Schreiend hielt er sich den Bauch. Viel zu viele von diesen vermaledeiten Printen hatte er gegessen. Wäre er doch nicht so gierig gewesen! Von Magenkrämpfen geplagt, wollte er nur noch

zurück in seine Hölle, um sich auszukurieren. Wütend stampfte er ein Loch in den Boden, sprang schwefeldampfend hinein und raste zurück in die Unterwelt. Über seine Bauchschmerzen hatte der Teufel den Schatzkammerschlüssel völlig vergessen und sollte sich auch nie wieder daran erinnern.

Die Aachener freuten sich, dass sie den fiesen Kerl los waren und schworen einander, niemals zu viele Printen zu essen. Karlchen stattete dem Kaiser einen zweiten Besuch in der Grabkammer ab und brachte ihm zum Dank ein Geschenk. Heute weiß niemand mehr, wo die Grabkammer genau zu finden ist, doch erzählt man sich, dass der verstorbene Kaiser seit jener Zeit anstatt der Pergamentrolle eine Printe in den Händen hält.

Der große Aachener Stadtbrand brach am Morgen des 2. Mai 1656 im Haus des Aachener Bäckers Peter Maw aus. In 20 Stunden verbrannten nach amtlicher Zählung 4664 Gebäude von insgesamt 5300, und es gab 17 Todesfälle. Die Stadt brauchte ein ganzes Jahrhundert, um sich von der Katastrophe zu erholen.
Printen sind die Aachener Lebkuchenspezialität. Der Name stammt vom englischen ‚to print' oder vom niederländischen ‚prenten'. Beides bedeutet ‚drucken', weil durch das Backen der Printen in den Formen, den sogenannten ‚Molden', ein genauer Abdruck der Backform entsteht. An die Aachener Printenbacktradition erinnert auch das Printendenkmal an der Ecke Körbergasse/Büchel. Dort steht ein bronzenes Mädchen mit einer Riesenprinte und freut sich bestimmt über euren Besuch.

Die Wunderquelle

Der Daumen des Teufels

Hexentanz am Fischmarkt

Abul Abbas -
Der kaiserliche Elefant

Radau in der Klappergasse

Bahkauv -
Das Ungeheuer vom Bach

Prinzessin Emma und der
Geheimschreiber

Die Aachener Hinzenmännchen

Der Teufel und die schlaue
Marktfrau

Der wehrhafte Schmied

Mauritz Mützenmacher

Der verwunschene Schlangenring

Die seltsame Gräfin Mobesin

Schach dem Kaiser

Der Wind von Sankt Foillan

Der tollpatschige Hühnerdieb

Der Märchenprinz

Die Printensage